Angelika Thol-Hauke

Kochen durchs Kirchenjahr

wichern

Angelika Thol-Hauke, Dr. theol.,
ist Rektorin der Evangelischen Hochschule Berlin sowie Professorin für Systematische Theologie und Evangelische Religionspädagogik.

Die Deutsche Bibliothek – CIP-Einheitsaufnahme

Illustrationen, Layout und Satz: Violetta Neubauer
Druck und Verarbeitung: Elbe Druckerei Wittenberg GmbH
ISBN 978-3-88981-323-7

Angelika Thol-Hauke

Kochen durchs Kirchenjahr

Bräuche und Rezepte
Eine kulinarische Theologiegeschichte

Illustrationen von Violetta Neubauer

Wichern-Verlag

Inhalt

Vorwort

Vor Jahren las ich in einem Kochbuch: „Verliert die Christenheit den Geschmack an ihrer Religion?" Diese Überschrift machte mich stutzig – Religion und Geschmack? Rabbi Blue hatte den Christen diese Frage gestellt.

Aufmerksam geworden, las ich weiter: „Ich war sehr überrascht, als ich zum ersten Mal die Evangelien las. Sie enthalten viele Berichte über Heilungen und Essen, aber anscheinend wenig Lehre. Ich hatte gar nicht gewusst, wie jüdisch sie sind. Da ist die Hochzeit von Kana, Mahlzeiten mit den Pharisäern, Speisung von Massenversammlungen, Geschichten von gemästeten Kälbern, selbstverständlich das letzte Abendmahl und meine Lieblingsgeschichte, die Johannes am Schluss seines Evangeliums erzahlt: der gebratene Fisch zum Frühstück am Ufer des Sees, zusammen mit dem auferstandenen Christus." (S. 47)

So hatte ich das Christentum noch nie betrachtet. Hatte ich je begriffen, was es für Jesus und seine Botschaft bedeutet, dass das Mahl, die Mahlgemeinschaft mit Zöllnern und Sündern, eine so große Rolle spielt? Und offensichtlich wurde da nicht nur Frommes geredet, sondern ausgiebig gespeist und gefeiert. Woher kommt es sonst, dass Jesu Gegner ihn gerade einen „Fresser und Weinsäufer" schimpfen? Vom Reich Gottes kann man danach offensichtlich viel erfahren, wenn man mit Jesus isst und trinkt.

Rabbi Blue stellt in seinem Kochbuch fest: „Die Christenheit hat sich in neuerer Zeit zu ausschließlich mit Ideen und Techniken beschäftigt. Aber wie der Geist, muss auch der Leib die Wirkung der Religion spüren, und die Christenheit ist in Gefahr, dieses Zusammenspiel zu verlieren. Jahrhundertealte Überlieferungen sind verlorengegangen. Diese Tradition ermöglichte es, das Leben Jesu nachzuempfinden und ein Gefühl für sein Evangelium zu vermitteln." (S. 52)

Das Kochbuch des Rabbi Lionel Blue „Ein Vorgeschmack des Himmels" hat mich auf den Geschmack gebracht, die Verbindung von Glaube und Leben beim Essen und Trinken neu zu entdecken.

Das Kirchenjahr entfaltet den christlichen Glauben im Laufe eines Jahres. Man kann darüber nachdenken, aber man sollte sich manches auch auf der Zunge zergehen lassen. Selbst tiefste theologische Gedanken leben von Bildern und Gleichnissen, warum nicht auch vom Gleichnis eines duftenden Apfelkuchens? Wenige sind leidenschaftliche Theologen (schade!), aber bei vielen geht die Liebe durch den Magen (sehr gut!). Also studieren wir in der Küche. Mein Buch geht alten Traditionen nach – und vor allem versucht es, beim Nachdenken über das Kirchenjahr neue Vorschläge zu machen. Mit Rezeptideen und Informationen zum Kirchenjahr lade ich ein, auf christlich-kulinarische Entdeckungsreise zu gehen. Wo Sie beginnen, ob mit einem Rezept oder mit Informationen, ob mit dem Studieren oder Probieren, das bleibt Ihrem Hunger überlassen. Und – manchmal kommt der Appetit auch erst beim Essen.

Angelika Thol-Hauke

Lionel Blue / June Rose, Ein Vorgeschmack des Himmels. Abenteuer religiöser Kochkunst, München 1977

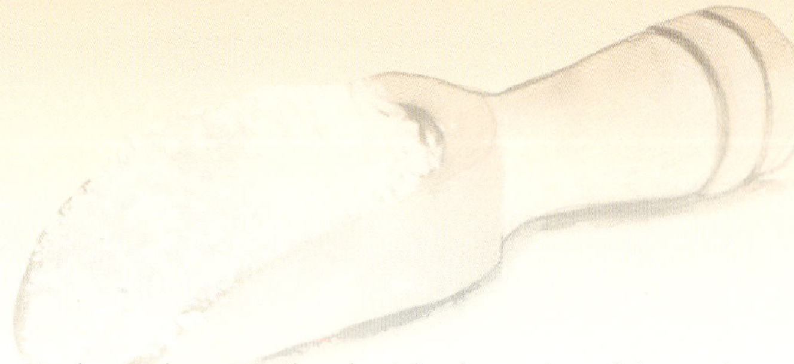

Sabbat und Sonntag

Der theologische und historische Beginn des christlichen Feierns ist die regelmäßige, wöchentliche Versammlung der Christen am 1. Wochentag, dem Tag der Auferstehung Jesu Christi. Da man die baldige Wiederkunft Christi erwartete, war eine jährlich wiederkehrende Feier einzelner Ereignisse aus dem Leben Jesu nicht im Horizont der urchristlichen Gemeinde. Mit diesem Siebentage-Zyklus blieben die ersten Christen in der jüdischen Tradition verwurzelt. Es ist zu vermuten, dass die urchristliche Gemeinde zunächst den Sabbat gehalten hat, da ihre Mitglieder auch weiterhin an jüdischen Gottesdiensten teilgenommen haben. Die heidenchristlichen Gemeinden haben den Sabbat sehr bald nicht mehr gehalten, spätestens seit dem 2. Jahrhundert dürfte diese Veränderung großkirchliche Praxis geworden sein. Es gab aber auch Gegenden, in denen der Sabbat von christlichen Gemeinden als „kleiner Sonntag", als Tag der Ruhe und der endzeitlichen Erfüllung in Christus begangen wurde.
Der Sonntag ist eine eigenständige christliche Schöpfung und im Unterschied zum Sabbat zunächst kein Ruhetag, sondern nach der jüdischen Woche der erste Arbeitstag. Entsprechend der Schöpfungsgeschichte ist er der Tag der Erschaffung des Lichts und es lag nahe, an diesem Tag Jesus Christus als Licht, das die Finsternis des Todes vertreibt, als Licht der Welt zu feiern. Die christliche Feier fand wahrscheinlich zunächst im Anschluss an die Sabbatfeier, also am Abend statt, zu der sich die Gemeinde in den Häusern zum Brotbrechen traf.
Erst im Verlauf des 2. Jahrhunderts kam es zu einer Verschiebung auf den Sonntagmorgen. Die Bezeichnung „Herrentag" aus der kleinasiatischen Tradition kann die zentrale Bedeutung dieses Tages für die Christen gut verdeutlichen: Christus wird kommen, als Herr über Lebende und Tote. Außerdem weist die Bezeichnung „Herrentag" auf die parallele Bezeichnung des Herrenmahls hin. Wie beim Mahl steht der auferstandene Herr im Zentrum des Lebens und Feierns der Gemeinde. Aus der wöchentlichen „Osterfeier" hat sich langsam die jährliche Feier der Auferstehung Jesu Christi entwickelt. Die Herausbildung eines Geburtsfestes Jesu Christi folgte erst im 4. Jahrhundert.
Die Grundstruktur und die erste Entwicklung des Kirchenjahres sind aber durch das Gedenken und Feiern des Volkes Israel geprägt. Darum sei an den Beginn der vielen Rezepte und Ausführungen in diesem Buch ein Rezept aus der jüdischen Küche gestellt, und zwar ein Rezept für das traditionelle Hefeteigbrot zum Sabbatbeginn.

Challah ist das traditionelle Eier-Hefeteig-Brot (wegen der Speisevorschriften ohne Milch), das am Sabbat oder anderen jüdischen Festtagen zum Essen gereicht wird. In der Regel wird der Zopf geflochten, außer an Rosch HaSchana. Für diesen Tag wird ein besonderer, spiralförmiger Laib gebacken, der das Greifen nach dem Himmel in der Hoffnung auf ein glückliches neues Jahr symbolisiert.
Achtung, die richtige Zubereitung erfordert lange Ruhezeiten! Darum entsprechend früh beginnen!

Challah

Zutaten:

- 1 EL Trockenhefe
- 1 EL Zucker
- 75 ml lauwarmes Wasser
- 1 TL Salz
- 5 EL Pflanzenöl
- 2 Eier verquirlt
- 750 g Mehl
- 1 Ei mit Prise Salz und Prise Zucker verquirlt
- Sesam und Mohnsamen

Zubereitung:

Hefe mit Zucker und Wasser verrühren und ein wenig Mehl darüber geben, etwa 15 Minuten gehen lassen. Salz, Öl und Eier gründlich unterschlagen. Nach und nach das Mehl zugeben. Der Teig ist zunächst noch etwas klebrig, mit den Teighaken noch etwa 5 Minuten kneten, bis der Teig sich vom Schüsselrand löst. Falls der Teig noch immer sehr klebrig ist, etwas Mehl hinzugeben und noch einige Minuten weiter bearbeiten. Nicht zu viel Mehl zugeben!
Eine große Schüssel leicht ausfetten, die Teigkugel hineingeben und in der gefetteten Schüssel wenden. Ungefähr 2 Stunden gehen lassen. Den Teig auf eine dünn bemehlte Arbeitsfläche geben und vorsichtig kneten, wieder in die Schüssel legen, gut zudecken und 6 bis 8 Stunden in den Kühlschrank stellen. Den Teig auf eine Arbeitsfläche geben und vorsichtig kneten, dann in zwei Teile teilen und daraus zwei Zöpfe aus jeweils drei Strängen formen. Die Laibe auf ein gefettetes Backblech legen, mit einem Geschirrtuch zudecken und 1 Stunde gehen lassen. Die Zöpfe mit Eiglasur bestreichen und mit Sesam und Mohnsamen bestreuen. Im vorgeheizten Backofen bei 190 Grad etwa 40 Minuten backen, bis die Laibe gut gebräunt sind und hohl klingen.

Die Weihnachtsfestzeit

Der Beginn des Kirchenjahres

Die Bezeichnung „Kirchenjahr“ ist erst in der lutherischen Orthodoxie geprägt worden, um eine kirchliche Zeitgliederung gegenüber dem bürgerlichen Jahr abzuheben. Geläufig ist bei vielen, dass das Kirchenjahr mit dem 1. Advent beginnt. Diese Einteilung ist aber eine spätere Entwicklung. Zunächst wurde im christlichen Abendland nicht zwischen Beginn des kirchlichen und Beginn des bürgerlichen Jahres unterschieden. Als das Weihnachtsfest 813 durch die Synode zu Mainz als eine offizielle Weihnachtsfeier angeordnet wurde, bestimmte man, dass das Fest der Geburt Christi insgesamt vier Tage gefeiert und als Ende des Jahreslaufs auch Ende und Beginn des (Kirchen-)Jahres markieren sollte. Noch Martin Luther hielt daran fest, dass Weihnachten zugleich der Beginn des neuen Jahres ist.

Dagegen begann bereits seit 153 v. Chr. das römische Amtsjahr mit dem 1. Januar. Diese alte Tradition geriet in Konflikt mit der neuen, in manchen Gegenden üblichen Zählung, die von Weihnachten ausging. Mit der Einführung des Gregorianischen Kalenders 1582 wurde der Jahresbeginn wieder auf den 1. Januar festgelegt. Es entstand ein großes Durcheinander, aus dem auch die Redensart „Zwischen den Jahren“ entstanden sein soll. Im Mittelalter wechselte der kirchliche Neujahrstermin noch mehrmals. So wurde lange Zeit das neue Jahr mit Ostern verbunden, was dazu führte, dass wegen des schwankenden Ostertermins die Jahre unterschiedlich lang waren. Der Jahreswechsel zum 1. Januar wurde 1564 für deutsche Lande festgelegt. Die Vorstellung, dass mit dem 1. Advent ein neues Kirchenjahr beginnt, hat mit dieser alten Zählung zu tun: Die Vorbereitungszeit auf Weihnachten wurde zum Weihnachtsfest dazugerechnet und somit der Beginn des neuen Jahres auf den 1. Advent vorverlegt.

In der kirchlichen Feier der Feste wirkt sich ein neues Jahr liturgisch nicht aus und ist auch kein liturgisches Thema. Das heißt, es wird in der Kirche am 1. Advent nicht Neujahr gefeiert. Das einzig Feststellbare ist, dass die liturgischen Bücher heute mit dem 1. Advent beginnen. Dieser Beginn war zwar oft üblich, aber es gab auch den Beginn mit dem 1. Fastensonntag oder mit dem Osterfest.

Die Adventszeit

Zur Geschichte

Die Bezeichnung Advent kommt aus dem Lateinischen. Adventus meint Ankunft und kann die gleiche Bedeutungsfülle wie *epiphaneia*, griechisch: Erscheinung, haben. Gebraucht wurde das Wort zunächst für die Ankunft der Gottheit im Tempel, für den ersten offiziellen Besuch eines Herrschers nach Antritt seiner Herrschaft und für die Thronbesteigung eines Kaisers. Christen verwendeten den Begriff *adventus* sowohl für die Ankunft Christi unter den Menschen als auch als Bezeichnung für seine erhoffte Wiederkunft, wenn er zum Gericht und Gottes Reich endgültig zum Durchbruch kommt. Der endzeitliche Aspekt des Advents wird im Gottesdienst deutlich an den Texten von der endzeitlichen Wiederkunft des Messias, vom Endgericht, von der endgültigen Aufrichtung des Reichs. Der herrscherliche Aspekt wird hervorgehoben durch das Evangelium vom Einzug Jesu in Jerusalem.

Bei der Entstehung und langsamen Entwicklung der Adventszeit lassen sich zwei Traditionen, eine römische und eine gallische, ausmachen. Die gallische Tradition kennt eine Fastenzeit vor dem Epiphaniefest, das neben dem eigentlichen Tauftermin zu Ostern ebenfalls Taufdatum wurde. So fordert Bischof Perpetuus von Tours 490 für die Zeit ab dem 11. November eine Fastenzeit. Die Fastenzeit sollte die Täuflinge auf die Taufe vorbereiten und den Blick auf Christus als den kommenden Richter lenken.

Der ursprüngliche Beginn der Vorbereitungszeit am 11. November zeigt sich noch an der evangelischen Leseordnung für die Sonntage nach Martini bis zum 1. Advent, an den Texten unseres sogenannten Endes des Kirchenjahres. Die letzten Sonntage sind durch die Erwartung des Kommens des Reiches Gottes, der Wiederkunft des Messias und des Endgerichts geprägt. Dieses Thema wird in den liturgischen Texten des Advents fortgesetzt.

Durch den Einfluss der irischen Missionare ist im gallischen Bereich die endzeitliche Thematik bestimmend geblieben. Das führte zur Ausgestaltung der Adventszeit als Bußzeit, die in ernster Feierlichkeit begangen wurde: mit violetter Farbe, Wegfall des Gloria und Fastenvorschriften.

In Rom und in den Gebieten, die von der römischen Liturgie bestimmt wurden, dominierte der Gedanke der Erwartung der Menschwerdung Christi, der

Menschwerdung des Gottessohnes. Der Advent stand unter dem Eindruck der Bekenntnisse der altkirchlichen Konzilien zu Jesus Christus als wahrer Gott und wahrer Mensch. Die Menschwerdung Gottes und die Bedeutung Marias als Gottesgebärerin rückten in den Mittelpunkt. Die Dauer der römischen Adventszeit war unterschiedlich. Es gab sechs, fünf, drei oder auch nur einen Adventssonntag. Beide Traditionen haben sich gegenseitig durchdrungen, sodass wir im Laufe der Zeit beide Gedanken in der Adventszeit wiederfinden.

Die Zahl der vier Adventssonntage setzte sich nur langsam im 11. Jahrhundert durch.

Sieht man sich die alten Adventslieder an, so kann man die verschiedenen Themen noch entdecken und wird feststellen, dass die Erwartung der Geburt Jesu zurücktritt oder in größere Zusammenhänge eingeordnet wird.

Zur Küche

Die Adventszeit ist reich an Brauchtum. Für uns ist sie ein Höhepunkt der häuslichen Bäckerei. Jedes Backbuch und jede Adventsausgabe der Kochzeitschriften ist voll von adventlichen und weihnachtlichen Backideen. Für die Advents- und Weihnachtszeit ist bezüglich der Rezepte keine Nachhilfe mehr nötig. Darum interessiert hier vor allem die Bedeutung der vorweihnachtlichen Bäckerei.

Besonders bekannt sind die *Lebkuchen*. Sie wurden als Heil- und Arzneimittel verwendet, indem man Heilkräuter und fremde *Gewürze* zu Gebäck verarbeitete. Zu Weihnachten verteilt, sollten sie Gesundheit schenken und damit deutlich machen, dass das Geschehen an Weihnachten der ganzen Welt Gesundheit schenken will. (In diesem Sinn lässt sich auch ein guter Glühwein deuten.)

Die Anzahl der im Gebäck verwendeten Gewürze hatte ebenfalls symbolische Bedeutung. Auf manchen Gewürzpäckchen findet sich heute noch der Hinweis: siebenerlei, achterlei, neunerlei. Die Sieben ist die Zahl der Schöpfung. Gott ist Schöpfer und Erhalter der Welt. Wie die Gewürze das Gebäck durchdringen, so soll Gottes schöpferisches Wort das ganze Leben durchdringen. Die Acht ist Symbol der Vollendung, der neuen Schöpfung (7 plus 1). Mit der Geburt Christi ist Neuschöpfung geschehen, hat die neue Schöpfung begonnen. Die Neun (3 mal 3) symbolisiert den vollendeten dreifachen Lobpreis Gottes, des Vaters, des Sohnes und des Heiligen Geistes. Oder sie zeigt die vollkommene Erlösung der ganzen Welt an, das heißt von Erde, Luft und Wasser.

Nüsse und Mandeln dürfen beim vorweihnachtlichen Backen nicht fehlen. Sie werden als Sinnbild des Wortes Gottes verstanden, das zu Weihnachten zu den Menschen kommt. Der Mensch muss erst lernen, durch die harte, unscheinbare Schale hindurchzudringen, um dann den Kern zu genießen. So stellt sich dem Menschen auch das Weihnachtsgeschehen dar – der Erlöser in der Niedrigkeit des Stalles.

Mohn, Hirse und Rosinen sollen an das Geheimnis des Samenkorns erinnern. Jedes Korn bringt überschwängliche Ernte. Auch darin wurde ein Bild für die Gnadenfülle gesehen, die den Menschen durch die Geburt Jesu geschenkt ist. Eine beliebte Form beim Plätzchenbacken sind Kränzchen oder Kringel. Die Kreisform ist Symbol für Ewigkeit und Unendlichkeit, der Kranz Symbol des Sieges und der königlichen Ehre. In manchen Gegenden ist auch der Brauch entstanden, einen Kranz zu backen und ihn entweder mit echten Kerzen oder mit Marzipankerzen und auch mit Bändern als *Adventskranz* zu schmücken. Ich habe ihn aus Hefeteig oder aus Mürbteig zubereitet gesehen. Darum füge ich hier einige Informationen zum Adventskranz an, obwohl er nicht zum essbaren Brauchtum gehört.

Die Herkunft des Adventskranzes ist nicht eindeutig geklärt. Seit alters gilt der Kranz als Auszeichnung, als Zeichen der Huldigung, der Krönung. Dieses Zeichen passt gut zum herrscherlichen, königlichen Aspekt der Ankunft des Messias. Die Zweige können an den Einzug Jesu in Jerusalem erinnern oder auch auf den Weihnachtsbaum hinweisen. Die rote Farbe ist die Farbe des kommenden Königs. Die vier Kerzen werden im Sinne eines Zählinstruments, als Kalender für leseunkundige Leute gedeutet. Kerzen als Zählinstrument gab es auch zu anderen Zwecken; fünfzehn Kerzen gaben zum Beispiel die Zahl der zu lesenden Psalmen an. In den Kirchen ist der Adventskranz erst in diesem Jahrhundert zu finden.

In diesem Zusammenhang ist auch der 4. Dezember interessant, der Tag der heiligen Barbara. Nach der Legende wurde sie von ihrem Vater in einen Turm gesperrt, weil sie Christus gehören und den vom Vater vorgesehenen Mann nicht heiraten wollte. Auf ihr Bekenntnis, dass sie Christin und ihre Entscheidung unabänderlich sei, lieferte sie der Vater dem Gericht und damit der Todesstrafe aus. Sie gilt als Patronin der Bergleute und gehört zu den vierzehn Nothelfern.

Zweige, am Barbaratag gepflückt, blühen bis Weihnachten auf. Sie werden als Symbol für das Festgeheimnis von Weihnachten betrachtet: Das neue Leben wird mit der Geburt Jesu denen geschenkt, die im Tode sind.

Nordischer Adventszopf

Wer etwas Muße in der Adventszeit hat, dem empfehle ich einen Nordischen Adventszopf. Legt man die Maßstäbe unserer Vormütter und Vorväter an, entspricht er nicht ganz den strengen Fastenvorschriften, nach denen der Genuss von Butter in der Fastenzeit nicht erlaubt war. Andererseits entspricht er sehr unserer erwartungsvollen Vorfreude auf das Weihnachtsfest: Zwischen vier Teigstreifen lässt sich eine köstliche Füllung sehen und riechen. Vor dem Anschnitt läuft einem das Wasser schon im Mund zusammen.

Zutaten:

- 500 g Mehl
- 30 g Hefe
- ¼ l lauwarme Milch
- 80 g Zucker
- 125 g Butter
- 1 Prise Salz
- abgeriebene Zitronen- und Orangenschale

für die Füllung

- 150 g geriebene Mandeln
- 120 g Zucker
- 1 Päckchen Vanillinzucker
- 1 Messerspitze Zimt
- 1 Messerspitze Kakao
- ⅛ l kochend heiße Milch

für den Guss

- 1 ½ Tassen Puderzucker
- ½ Tasse zerlassene Butter
- 3 EL starker Kaffee
- 1 EL Kakao
- 1 Prise Salz
- 1 Tasse gehackte Walnüsse

Zubereitung:

Mehl in eine Schüssel geben, Hefe hinein bröckeln, mit 1 Teelöffel Zucker bestreuen, mit der Milch zu einem Vorteig verrühren, 15 Minuten gehen lassen. Die Butter schmelzen und mit den restlichen Zutaten zu dem Vorteig geben und alles zu einem glatten Teig verarbeiten. An einem warmen Ort gut 30 Minuten gehen lassen. Für die Füllung aus den genannten Zutaten eine Paste herstellen.

Den Teig etwa 1 Zentimeter dick rechteckig ausrollen und die Paste auf den ausgerollten Teig streichen. Den Teig von der breiten Seite her aufrollen und auf ein gefettetes Backblech legen. Die Teigrolle in der Mitte beginnend fünfmal einschneiden, die Rolle an den Enden vorsichtig etwas gegeneinander drehen. Bei 200 Grad im vorgeheizten Backofen auf der zweiten Schiene von unten etwa 40 Minuten backen. Aus den genannten Zutaten einen Guss herstellen. Nach dem Erkalten den Zopf mit dem abgekühlten Guss bestreichen und mit den Walnüssen bestreuen.

Ananas-Mandel-Makronen

Zweimal im Jahr kann mich eine unerträgliche Unruhe ergreifen: einmal, wenn alle in die Ferne entschwinden und ich arbeiten muss, und das zweite Mal, wenn Advent und Weihnachten nahen und ich keine Zeit zum Plätzchenbacken habe. Dann mache ich mir zunächst klar: Die Unruhe ist völlig irrational.

1. Wer soll die Plätzchen denn alle essen?
2. Ein paar gute Plätzchen kannst du dir auch kaufen.
3. Wer macht hinterher die Küche wieder sauber? und
4. Du solltest sowieso mehr auf deine Figur achten!

Es hilft nichts, die Unruhe und die Unzufriedenheit bleiben. Meine theologische Lektüre zum Thema Advent und Weihnachten ist bestimmt interessant, aber was ist das gegen den Duft von Weihnachtsgebäck, der das ganze Haus durchzieht? Advent ist Warten auf Gott und sein Reich, Hoffnung, Sehnsucht auf den neuen Himmel und die neue Erde ohne Leid, Not, Tod. Was sind wir ohne diese Hoffnung? Wie hält man die Hoffnung und die Sehnsucht wach? Da gibt es für mich die Theologie, den Gottesdienst, gläubige Menschen und – vielleicht nicht doch ein paar klitzekleine Plätzchen? Mein Plätzchenrezept kann sich vielleicht mit raffinierten Kreationen nicht messen. Es ist für die, denen es ähnlich geht wie mir. Sie sind schnell gemacht, schmecken mir köstlich, man kann auch kleinere Portionen zubereiten, und sie sagen mir etwas zum Advent: Die Mandeln erinnern an die harte Schale, die man manchmal knacken muss, wenn man Gottes Wort verstehen will; die Ananas könnte erinnern an die weltweite Perspektive des Kommens Christi; und der Duft ... das sagte ich ja schon.

Zutaten:

- 2 Eiweiß
- 200 g nicht abgezogene, gemahlene Mandeln (man kann natürlich auch die gleiche Menge Nüsse verwenden)
- 2 große Scheiben fein geschnittene Ananas
- 100 g Zucker
- 1 EL Ananassaft
- kleine, runde Oblaten

für den Guss

- Puderzucker und etwas Ananassaft

Zubereitung:

Eiweiß steif schlagen, dabei die knappe Hälfte des Zuckers einrieseln lassen. Mandeln und Ananas unterrühren, restlichen Zucker und Saft dazugeben. Mit einem Teelöffel kleine Häufchen auf die Oblaten setzen und auf ein Backblech geben. Auf der zweiten Schiene von unten bei gut 150 Grad etwa 40 Minuten backen. Nach dem Backen mit Zuckerguss aus Puderzucker, der mit Ananassaft angerührt wird, bestreichen.

Der Nikolaustag

Nikolaus wird besonders als Freund der Kinder und Schüler verehrt. Er war in der ersten Hälfte des 4. Jahrhunderts Bischof von Myra in Kleinasien. Dort hat er sich nach den zahlreichen Legenden besonders der Armen und Hilfsbedürftigen angenommen. Seit dem 6. Jahrhundert wird er in Byzanz verehrt. 973 brachte Kaiserin Theophanu, die Frau Ottos des II., seine Verehrung ins Abendland. Es entwickelte sich der Brauch, zu Ehren des Heiligen einen Kinderbischof wählen zu lassen und ihn als Bischof einzukleiden. Dieser Kinderbischof saß über die Erwachsenen zu Gericht und ließ sie durch seinen Knecht bestrafen. Später wurde daraus ein Spiel zur Darstellung seines Lebens. In ihm prüfte der „erwachsene" Nikolaus das religiöse Wissen der Kleinen. Zur Belohnung gab es eine Bescherung. Aber ursprünglich war der Nikolaustag ein richtiger Kindertag, an dem die Kinder das Sagen hatten.

Schokololadenfondue

So muss aus der Sicht der Kirchenküche ein Essen her, bei dem es nach dem Geschmack der Kinder zugeht. Wie wäre es – passend zur Adventszeit – mit einem Schokoladenfondue mit eingeplanter Riesenkleckerei? Das Fondue können Kinder selbst vorbereiten, dafür braucht man keine Erwachsenen.

Bei diesem Fondue werden Obststückchen auf Fonduegabeln gespießt und in die Schokolade getaucht. Dazu kann man Kekse essen.

Zutaten für sechs Personen:
(weil meist mehr Kleine
und Große dazukommen)

- 2 Bananen
- etwas Zitrone
- 1 Ananas (oder eine kleine Dose)
- 1 kleine Dose Mandarinen
- ½ Dose Pfirsiche
- ½ Glas Kirschen

(man kann auch Cocktailkirschen nehmen)

- 200 g Blockschokolade
- ⅛ l Milch oder Sahne
- 3 EL Honig
- 3 EL Kakaopulver
- 2 EL Zucker
- 1 Prise Salz

Zubereitung:

Früchte gut abtropfen lassen und in mundgerechte Stücke schneiden. Die Blockschokolade bei niedrigster Herdeinstellung langsam in einem Topf schmelzen lassen. Mit dem Schneebesen nach und nach die Milch einrühren und aufkochen lassen. Honig, Kakao, Zucker, Salz einrühren. Wer einen Rechaud hat, stellt den Topf darauf; sonst muss man notfalls die Masse zwischendurch wieder erwärmen. Jetzt kann es losgehen, Fruchtstücke auf die Gabel spießen und hinein ins Vergnügen!

Das Weihnachtsfest

Zur Geschichte

Ursprünglich kannte die Christenheit nur ein Jahresfest, nämlich die Feier von Tod und Auferstehung Jesu Christi. Wegen verschiedener Irrlehren, vor allem der Gnosis, war die Alte Kirche äußerst zurückhaltend gegenüber einem eigenen Geburtsfest. Auch sah man nicht die Notwendigkeit eines solchen Festes. Erst im Zusammenhang mit heidnischen Feiern der Unbesiegbaren Sonne in Rom und der kontroversen Diskussion vom 3. bis zum 5. Jahrhundert in der Alten Kirche, wer Jesus Christus von Gott her ist, ob man ihn als Sohn Gottes Gott nennen darf, entwickelt sich sehr langsam unser Weihnachtsfest. Das Ergebnis der Diskussionen und die Beschlüsse der Konzilien, dass Gott in Jesus Mensch geworden ist und Jesus darum wahrer Gott und wahrer Mensch und Maria Gottesgebärerin, Gottesmutter, genannt werden kann, wurden auch mit Hilfe des Festes von der Menschwerdung Gottes verbreitet. Das Weihnachtsfest ist ein zweites Erlösungsfest, das den Akzent nicht auf die Erlösung durch Kreuz und Auferstehung Jesu, sondern auf die Erlösung durch die Menschwerdung Gottes in Jesus Christus legt.

Über die Herkunft des Datums für das Weihnachtsfest gibt es unterschiedliche Erklärungshypothesen, deren Vertreter sich teilweise heftig bekämpfen.

Einige nehmen eine christliche Übernahme und Umdeutung einer heidnischen Tradition an (Fest des Unbesiegten Sonnengottes am 25. Dezember im Römischen Reich und Sonnenwendfeiern im germanischen Bereich), andere verweisen auf biblische Zahlensymbolik und entsprechende Berechnungen im Zusammenhang mit dem Geburtstermin Johannes des Täufers (Geburt des Täufers 24. Juni – Höhepunkt und folgende Abnahme der Kraft der Sonne, Geburt Jesu 25. Dezember – tiefste Dunkelheit und folgende Zunahme der Kraft der Sonne).

Schließlich weist eine weitere Gruppe darauf hin, dass das Geburtsdatum Jesu in der Urgemeinde bekannt gewesen und tradiert worden sei oder auch, dass es in der Urgemeinde als christliche Interpretation des Tempelweihfestes begangen worden sei.

Wie dem auch sei, das Datum hat für den theologischen Gehalt des Weihnachtsfestes geringe Bedeutung gehabt. Bestimmend waren die biblischen Texte und die Glaubensbekenntnisse der Alten Kirche, die

sich auf das Geheimnis der Menschwerdung Gottes konzentrieren und sich zum Datum nicht äußern.
Der früheste Beleg für die Feier des Weihnachtsfestes am 25. Dezember findet sich in Rom für das Jahr 354. Von Rom aus verbreitete sich das Fest zunächst nach Nordafrika, dann nach Spanien (360 bis 380). In Konstantinopel wird es durch Gregor von Nazianz 379/389 eingeführt. In Jerusalem und Palästina wird der 25. Dezember erst spät gefeiert. Nach einem Lektionar wird dort etwa ab 415 die Menschwerdung Christi am 6. Januar begangen und der 25. Dezember als Geburtsfest erst in der Zeit von 565 bis 578 durch Justinian definitiv in den Kalender aufgenommen.
Erst Ende des 6. Jahrhunderts erscheint im gallischen Raum das Weihnachtsfest am 25. Dezember in einer Liste von Festen, die Gregor von Tours (gestorben 594) überliefert. Bis zum 8. Jahrhundert war das Weihnachtsfest in Deutschland noch fast unbekannt. Erst 813 wurde durch die Synode zu Mainz eine offizielle Weihnachtsfeier angeordnet. Ebenso bestimmte man, dass das Fest der Geburt Christi insgesamt vier Tage zu feiern sei und als Ende des Jahreslaufs auch Ende und Beginn des Kirchenjahres markieren sollte. Noch Martin Luther hielt daran fest, dass Weihnachten zugleich auch den Beginn des neuen Jahres bezeichnet.

Zunächst wurde das Weihnachtsfest hauptsächlich in der Liturgie, insbesondere der Klöster, begangen. Eine häusliche Weihnachtsfeier war noch unbekannt. Sie entwickelte sich mit dem katechetischen Interesse der Reformationszeit, hat aber ihre heutige Ausprägung in den Feiern des Großbürgertums mit Weihnachtsbaum, Bescherung, Liedern, Gedichten, Hausmusik und deren kleinbürgerlicher Nachahmung erhalten.

Zu Themen und Inhalten

Für viele ist der Inhalt des Weihnachtsfestes die Feier der Geburt Jesu. Schon ein genauerer Blick auf die kirchliche Feier des Weihnachtsfestes und auf das umfangreiche Brauchtum lässt erkennen, dass es bei diesem Fest um mehr gehen muss als um ein reines Geburtstagsfest. Damit der Inhalt bekannter Weihnachtslieder, die Hintergründe des Brauchtums und die Symbolik der Festtagsspeisen etwas verständlicher werden, beschreibe ich die wichtigsten Motive des Weihnachtsfestes.

Menschwerdung Gottes

Das Bekenntnis „In Jesus Christus ist Gott Mensch geworden" hat sich vom 2. bis zum 4. Jahrhundert im Kontext griechischen Denkens entwickelt. Das Fest ist ein Bekenntnis zu Christus, der Mensch wurde, um die Menschen aus ihrer Todverfallenheit zu befreien. Durch seine Menschwerdung hat er Erde und Himmel wieder miteinander versöhnt. Die Entstehung des Weihnachtsfestes ist primär nicht aus dem Bedürfnis zu erklären, dass man neben Tod und Auferstehung auch die Geburt Jesu feiern wollte, sondern dass man diesem Glauben von Person und Wesen Jesu Christi einen entsprechenden Festausdruck verleihen wollte. Mit dem Bekenntnis des Konzils von Nizäa 325, Jesus ist wahrer Gott und wahrer Mensch, versuchte man das Besondere, das in der Geburt Jesu geschehen ist, mit der Würde und Bedeutung seiner Person auszudrücken.

An Weihnachten wird damit auch gefeiert, wer Gott für die Menschen ist. Gefeiert wird das Kommen Gottes zur Welt in Jesus Christus, der sich als Mensch Leid und Tod unterwirft. Gott offenbart sich, zeigt sich als Gott gerade darin, dass er sich in seinem Sohn erniedrigt und sich den Menschen ausliefert. Gott zeigt sich darin als Gott, dass er Mensch wird. Das Thema „Gott wird in Jesus Christus Mensch" bestimmt fast alle alten Weihnachtslieder, und das gesamte Brauchtum ist mehr oder weniger von dieser Aussage durchdrungen.

Der wunderbare Tausch

Die Menschwerdung ist nicht einfach Erscheinung Gottes, sie zielt auf die Rettung des Menschen und der ganzen Schöpfung aus der Macht des Todes. Gott wurde Mensch, damit Menschen Kinder Gottes werden. Dies versucht man seit dem 2. Jahrhundert mit der Formel vom wunderbaren Tausch auszudrücken: Gott entäußert sich in seinem Sohn seiner Hoheit, nimmt in ihm Vergänglichkeit und Tod auf sich zur Rettung und Versöhnung des Menschen. Diesen Gedanken findet man in manchen Weihnachtsliedern: „Er wird ein Knecht und ich ein Herr, das mag ein Wechsel sein ..." (EG 27,5) Gott ist bleibend in der Welt und nimmt Wohnung bei den Menschen, der Mensch wird neu sein Ebenbild.

Gerade die sehr menschlichen Umstände der Geburt Jesu haben die fromme Fantasie immer wieder beschäftigt und viele schöne Geschichten und vielfältiges Brauchtum hervorgebracht. Es geht dabei um den Einbruch göttlicher Wirklichkeit in alltägliche Gegebenheiten und drückt die Sehnsucht des Menschen nach Heil in seinem Leben aus. Die abstrakte Rede von der Menschwerdung Gottes gewinnt in solchen Gedanken konkrete Gestalt. Darum spielt das Volksbrauchtum eine bedeutende Rolle für die Feier und das Verstehen des

Weihnachtsfestes. In diesen Zusammenhang gehören die vielen Geschichten, die sich um Maria ranken, und die Krippenspiele, die sich wahrscheinlich analog zu den Osterspielen entwickelt haben. Die Historisierung und Dramatisierung des Weihnachtsgeschehens führte etwa seit dem 13. Jahrhundert zu figürlichen Darstellungen und zur Anbetung des Kindes in der Krippe. Bekannt ist die Krippenfeier, die Franz von Assisi 1223 in Greccio hielt. Vor allem durch die Jesuiten haben sich seit dem 16. Jahrhundert Weihnachtskrippen rasch verbreitet, die aber erst im 18. Jahrhundert zum Familienbrauch wurden. Besonders Kinder und Jugendliche waren bei einem weiteren Brauch, beim Kindelwiegen, während oder vor und nach der Weihnachtsmesse beteiligt. Entweder brachte man kleine, mit einem Glöckchen versehene Wiegen mit, die dann während der Feier hin und her bewegt wurden, oder eine Statue des Jesuskindes wurde auf den Altar gestellt und mit rituellen Tänzen verehrt.

Licht der Welt

Von Beginn an gehört zum Weihnachtsfest die Lichtthematik. Das Gleichnis vom Licht veranschaulicht und interpretiert die Menschwerdung Gottes: Durch sie kommt das Licht in die Welt. Die Weihnachtsfeier übernimmt schon sehr früh die Lichtsymbolik aus der Osternacht. Auch die alttestamentliche Lesung kündet von der messianischen Hoffnung, die an diesem Festtag Erfüllung gefunden hat: „Das Volk, das im Dunkel lebt, schaut ein großes Licht." (Jesaja 9,1) Die Lichtsymbolik hat sich bis heute auch und gerade im nichtkirchlichen Bereich stark durchgesetzt. Die Advents- und Weihnachtszeit gilt als Inbegriff der Zeit der Kerzen und Lichter.

Erfüllung der Verheißung an das Volk Israel

„Aus Jesse kam die Art." Der Stammbaum Jesu im Matthäusevangelium will deutlich machen, dass Jesus aus dem Stamme Davids der von Gott verheißene und von Israel erwartete Retter ist. Im weiteren Verlauf des Matthäusevangeliums wird Jesus immer wieder als Sohn Davids vorgestellt. Isai oder Jesse ist der Vater Davids (Matthäus 1,6). Den meisten wird der Name bekannt sein aus dem Lied „Es ist ein Ros (oder Reis) entsprungen".

In der langen Geschichte der christlichen Theologie hat man auch die Erzählungen des Alten Testaments auf die Menschwerdung Gottes in Jesus Christus bezogen. Einige davon hatten eine herausgehobene Bedeutung, wie zum Beispiel die Geschichten von Schöpfung und

Sündenfall: „Gott sah alles an, was er gemacht hatte: Es war sehr gut." So heißt es in der Schöpfungsgeschichte 1. Mose 1,31. Trotz der Sündenfallgeschichte bleibt Gott den Menschen und der Welt treu. Gott lässt die Welt nicht ins Nichts zurückfallen. Er schickt seinen Sohn, in dem die Welt ihre Würde, Gerechtigkeit und Schönheit wiedererlangt. Mit ihm beginnt eine neue Schöpfung, in ihm wird ein neues Verhältnis der Menschen zu Gott möglich. Das durch den Sündenfall verschlossene Paradies wird mit der Geburt Jesu, des neuen Adam, wieder geöffnet. Diese Thematik findet Aufnahme im Symbol des Baums, des Lebensbaums des Paradieses mit seinen Früchten. Im Abendland war der Inbegriff der Frucht der Apfel, sodass der Weihnachtsapfel und eventuell auch die Kugeln am Weihnachtsbaum auf das wieder geöffnete Paradies verweisen.

Ebenfalls spricht die Sintfluterzählung von der Nichtigkeit alles Bösen vor Gott und von der Treue und Barmherzigkeit Gottes (1. Mose 6–9). Sie erzählt vom Glauben Noahs, der Gottes Befehl folgt und damit einen neuen Anfang ermöglicht. Die Weihnachtsgeschichte erzählt vom Glauben, vom Glauben Marias, die die Menschwerdung Gottes in Jesus annimmt, aber auch vom Glauben Josefs, der Hirten und der Weisen aus dem Morgenland. Dazu verbindet das Motiv des Friedens beide Erzählungen. In der Sintfluterzählung zeigt der Regenbogen in den Wolken, dass Gott mit den Menschen Frieden schließt. In der Weihnachtsgeschichte verkündet der Gesang der Engel auf dem Feld den Frieden. Außerdem ist das Bild der Arche Noah, zum Beispiel in der Katakombenmalerei, ein beliebtes Symbol für Rettung und Erlösung durch Jesus Christus. Im Traum Jakobs (1. Mose 28,10–22), der auf einer Himmelsleiter Engel auf- und niedersteigen sah, erblickte man ein Vorbild des Weihnachtsgeschehens. Weihnachten ist sozusagen die Erneuerung und endgültige Verwirklichung der Himmelsleiter. Gott steigt zu den Menschen hinab, indem er selbst in seinem Sohn Mensch wird. Ein von daher rührendes, beliebtes Weihnachtsbild ist das geöffnete Himmelstor, durch das die Engel auf die Erde hinabsteigen. Der Mensch aber hat die Möglichkeit, zu Gott aufzusteigen, weil er durch Jesus Christus aus der Verlorenheit an das Böse und den Tod befreit ist. Damit könnte zusammenhängen, dass nach altem Volksglauben zur Weihnachtszeit geheimnisvoll überall Engel anzutreffen sind. Dazu passt die Vorstellung, dass Engel für das Plätzchenbacken zuständig sind und so den Menschen einen himmlischen Geschmack auf die Erde bringen.

Zur Küche

Weihnachten ist die Zeit für süßes Gebäck und besondere Festtagsbraten. Das wahrscheinlich bekannteste Traditionsgebäck für Weihnachten ist der Christstollen, der als das in Windeln gewickelte Christkind gedeutet wird.

Das süße Brot wird im Sinne des Mannas in der Wüste verstanden, das vom Himmel fiel, um Leben zu geben. Nach dem Johannesevangelium ist Jesus das wahre Himmelsbrot, das vom Himmel gekommen ist. Er ist das Leben. Als das wahre Manna wird in der christlichen Tradition ebenfalls das Abendmahlsbrot bezeichnet. In der spätmittelalterlichen Theologie hat man die Gegenwart Christi im Abendmahl mit einem Vergleich zu erklären versucht: Wie Gott in Christus Mensch wurde, so wird Christus im Abendmahl gegenwärtig. So sind die kleinen süßen Kuchen, die placentae (Plätzchen), häufig auf Oblaten gebacken, eine süße Erinnerung an die Abendmahlsoblaten. Ähnliche Verbindungen gibt es auch zwischen Brezeln, Kipfeln und dem im Abendmahl verwendeten Brot. Im gallikanischen Bereich, zwischen Atlantik und Rhein, hatte die Hostie, das Abendmahlsbrot, die Form der Brezel und halbiert, beim Abendmahl gebrochen, die Form des Kipferls oder Hörnchens.

Der Name der beliebten Spekulatius-Kekse leitet sich wahrscheinlich von speculum, lateinisch: Spiegel, Abbild, her. Die abgedruckten Tierbilder deuten nach der byzantinischen Tiersymbolik meist auf Christus hin, stellen aber auch Martin oder Nikolaus dar. Eine andere Deutung besagt, dass Spekulatius (lateinisch: Aufseher) die lateinische Bezeichnung für das griechische Wort *episkopos* = Bischof ist und die Spekulatien den heiligen Bischof Nikolaus und seine guten Taten und Tugenden symbolisch darstellen.

Auch beim weihnachtlichen Festessen findet sich die dargestellte Symbolik vielfältig wieder. Der 24. Dezember wurde in der Tradition meist noch als Bestandteil der vorweihnachtlichen Fastenzeit verstanden, er war in katholischer Tradition halber Fastentag und das Fasten endete erst am Abend oder auch mit der Mitternachtsmesse. Darum gab es zu diesem Tag eher einfaches Essen. Vielen ist als einfaches Heiligabendessen Kartoffelsalat mit Würstchen vertraut. Im Erzgebirge dagegen gibt es zu Heiligabend ein richtiges Festessen, das „Nanerlaa“. Mit diesem Neunerlei sind Wünsche für das kommende neue Jahr verbunden.

Was gehört alles dazu?

1. De Bratwurst, dos mer Harzhaftigkeit und Kraft bewohrt,
2. Sauerkraut, domit das Labn net sauer ward,
3. Linsen, dos uns s klane Gald nicht ausgieht,
4. Klöße, Karpfen, Hering, dos es net am großen Geld fehlt,
5. Gans, Schweinebraten, dos ens Glück treu bleibt,
6. Kompott, dos mer sich s ganze Labn freue kaa,
7. Semmelmilch, dos en de Nos net truppet und dos mer kaa Koppwidding hot,
8. Nüsse oder Mandeln, dos der Labnswogen gut geölt durch neie Johr fährt,
9. Pilze oder rote Rüben bringen Freed un Glück un rote Backn.

Semmelmilch

Zutaten:

- 1 l Milch
- einige Scheiben Weißbrot oder Semmel
- etwas Zucker
- Mandeln
- Rosinen
- getrocknete Aprikosen
- etwas Butter

Zubereitung:

Milch im Topf erwärmen, Brot würfeln, Zucker (nach Geschmack) dazugeben, Milch über die Weißbrotwürfel geben, Mandeln anrösten, getrocknete Aprikosen kleinschneiden und mit Butter anrösten. Alles zu der Semmelmilch geben.

Wildschweinbraten mit Neunerlei-Gewürz

Da das Weihnachtsgeschehen alle Lebensbereiche ergreifen soll, gibt es am Festtag die traditionellen Festbraten von der Erde, aus dem Wasser und der Luft: Hase, Karpfen, Gans oder – je nach Gegend und Geldbeutel – Reh, Lachs, Kapaun (heute auch Pute).
Hier ein schönes Rezept mit einem sehr erdverbundenen Tier:

Zutaten:

- 300 g Gulasch vom Wildschwein
- 2 EL Öl zum Anbraten
- 1 Handvoll Sauerkirschen, getrocknet
- 1 Handvoll Sultaninen
- 2 große Schalotten, in Achtel geschnitten
- 1 Wurzel Petersilie, gewürfelt
- 1 Apfel, geschält und in Würfel geschnitten
- 1 TL Gewürzmischung (Neunerlei-Gewürz aus gemahlenem Zimt, Koriander, Nelken, Sternanis, Piment, Muskatblüte, Ingwer, Anis, Kardamom)
- 1 TL Rosmarin
- 3 EL Preiselbeerkompott
- 1 EL Aceto Balsamico
- 1 Becher Schmand
- Brühe zum Aufgießen

Zubereitung:

Das Wildfleisch in einer Pfanne mit Öl gut anbraten, dann die Schalotten, Petersilienwurzel und Apfelstücke dazugeben und kurz schmoren lassen. Danach die Sauerkirschen und Sultaninen beigeben. Mit Neunerlei-Gewürz und Rosmarin würzen, Balsamico und Preiselbeeren einrühren, Schmand dazugeben, umrühren und Bouillon aufgießen. Unter immer wieder Umrühren aufkochen lassen und bei mittlerer bis niedriger Hitze 90 Minuten gar köcheln lassen, bis das Fleisch schön weich ist und die Gewürze gut durchgezogen sind. Mit Salz und Pfeffer abschmecken.
Dazu Nudeln, al dente gekocht, mit Butter und frisch geriebenem Muskat servieren.
Als Salat zum Beispiel einen Chinakohlsalat, der mit dem Saft von ½ Zitrone oder ½ Orange, Sojasauce, Salz, Aceto Balsamico, Zwiebelwürfelchen, einer Prise gemahlenem Kumin, etwas Orangenblütenhonig und Olivenöl angemacht ist.

Orangenente

Zu den traditionellen Weihnachtsgerichten gehört neben dem Fisch als Tier, das den Bereich Wasser oder Meer vertritt, auch das Geflügel, als Vertreter der Tiere in den Lüften, obwohl unser Hausgeflügel vom Fliegen nur noch träumen wird. Als Weihnachtsgeflügel schlage ich eine Orangenente vor, weil sie einfach zuzubereiten ist, und weil die Orangen an die Sonne erinnern, die als Symbol für Christus von Anfang an mit dem Weihnachtsfest verbunden war.

Zutaten:

- 1 küchenfertige Ente
- Salz, schwarzer Pfeffer
- 5 Orangen (eine möglichst unbehandelt)
- 4 EL Honig
- 1 Glas Weißwein
- 1/8 l Brühe
- etwas Ingwer (wenn man mag)

Zubereitung:

Die Ente abwaschen, gut trocken tupfen, Talgdrüse und Fett um die Bauchöffnung abschneiden. Eine Orange, wenn sie behandelt ist, kräftig unter sehr heißem Wasser abreiben, Schale dünn abschälen und in hauchdünne Streifen schneiden, den Saft auspressen. Die Ente innen und außen salzen und pfeffern und etwas von der Schale auf der Ente verreiben. Backofen auf 200 Grad vorheizen, die Ente mit dem Rücken nach oben in einen Bräter oder in eine Saftpfanne legen. Das Glas Wein und etwas Orangensaft angießen und 1 3/4 Stunden braten lassen. Zwischendurch mit dem Sud begießen und die Brühe hinzufügen, wenn nötig noch mit Wasser die Flüssigkeit ergänzen.

2 Esslöffel Honig etwas erwärmen und mit dem Orangensaft verquirlen, eventuell etwas Ingwer hinzufügen. Die restlichen Orangen mit der weißen Haut abschälen und die Filets ohne die Trennhäute herausschneiden. Die Ente aus dem Backofen nehmen und mit dem Honigsud bestreichen, den Bratensud entfetten, den restlichen Honig einrühren und die Orangen hinzufügen. Die Ente wieder auf die Saftpfanne legen und bei 220 Grad noch etwa 15 Minuten backen. Ente herausnehmen, Orangenstreifen hinzufügen und die Sauce abschmecken. Dazu passen Baguettebrot oder Kartoffeln.

Kaninchentopf mit Auberginen

Es gibt sehr edle landbewohnende Tiere, die einen würdigen Festtagsbraten abgeben, wie Reh oder Hase, aber die haben auch ihren Preis. Versuchen Sie einmal diesen Kaninchentopf, der einen Hauch von Orient auf Ihre Festtafel bringt.

Zutaten für 2 Personen:

- 1 Kaninchenrücken
- Salz
- 1 TL Zimt
- 3 EL Olivenöl
- 2 Knoblauchzehen
- 1 Aubergine
- 1 kleine Dose geschälte Tomaten
- Bund glatte Petersilie
- Koriander
- 2 cl Weinbrand
- Cayennepfeffer
- 2 EL rote Linsen
- 15 g geschälte Mandeln
- 150 g Sahnejoghurt
- einige Korianderblätter

Zubereitung:

Die Filets auslösen und in 6 bis 8 kleine Portionen teilen, mit Salz und Zimt einreiben und in 1 Esslöffel Olivenöl anbraten. Die Filets in eine Auflaufform geben. Den Knoblauch in dicke Scheiben schneiden und im restlichen Öl anbraten, die gewürfelten Auberginen hinzugeben und andünsten, mit Salz und Cayennepfeffer würzen, mit Weinbrand ablöschen. Die Hälfte der gehackten Petersilie mit Koriander hinzufügen und mit den Tomaten über die Filets in die Auflaufform geben. Bei 175 Grad auf dem unteren Rost etwa 1 Stunde schmoren lassen. Nach der Hälfte der Zeit die gewaschenen roten Linsen unterrühren.

Mandeln in einer Pfanne ohne Fett hellbraun rösten. Restliche Petersilie und Koriandergrün hacken und unter den Joghurt rühren, salzen. Kaninchentopf aus dem Ofen nehmen, abschmecken und die Mandeln darüberstreuen. Mit dem Joghurt servieren. Dazu passen gekochter Reis oder gekochte Hirse.

Paradiesischer Apfelkuchen

Beiß nicht gleich in jeden Apfel... Was hat der Apfel mit Weihnachten zu tun? Uns könnte der Apfel in der Hand Evas als Sinnbild für Verführung und Sünde einfallen. Zwar steht nirgendwo in der Bibel, dass die verbotene Frucht im Paradies, von der Adam und Eva aßen, ein Apfel war, aber in unserem Kulturbereich gehen wir wie selbstverständlich davon aus. Diese Vorstellung ist wahrscheinlich entstanden aus dem Gleichklang der lateinischen Bezeichnung für Apfel und Übel, Böses und geht auf ein mittelalterliches Wortspiel zurück: „Malum e malo", das heißt, das Böse (kam, entstand) aus dem Apfel. Ab dem 11. Jahrhundert wird Maria mit dem Apfel in der Hand dargestellt, als Symbol für die Überwindung des Bösen durch ihren Sohn Jesus Christus. An den Paradiesesbaum erinnert unser Weihnachtsbaum, an den man zum Beispiel Äpfel hängt; ganz Kundige wählen Äpfel mit einer blassen Todes- und mit einer roten Lebensseite. Auch die Kugeln können an die Äpfel erinnern. Der Baum weist auf die Paradiesesgeschichte, nach der durch Adam und Eva der Tod in die Welt kam und das Paradies verlorenging. Er zeigt, dass durch Christus der Zugang zum Paradies wiedereröffnet und uns neues Leben geschenkt wurde. Die enge Verbindung zwischen der Paradieseserzählung und dem Weihnachtsfest wird auch an der alten Tradition deutlich, am 24. Dezember den Gedenktag von Adam und Eva zu begehen.

Eine alte Legende stellt auf sehr komplizierten Wegen ebenfalls diese Verbindung her, indem sie erzählt, dass aus dem Apfelkern des fatalen Apfels der Kreuzesbaum gewachsen ist. Hier wird das Kreuz als Lebensbaum verstanden, dessen Früchte neues Leben geben, weshalb jeder eingeladen ist, von diesen Früchten zu essen.

Sie müssen ja nicht in jeden Apfel beißen, aber vielleicht immer häufiger in diesen weihnachtlichen Apfelkuchen. Er ist leider nicht schön, aber dafür schmeckt er umso besser!

Zutaten:

für den Teig

- 125 g Mehl
- 50 g kalte Butter in Stückchen
- 1 EL Zucker
- 1 Eigelb
- 1 EL kaltes Wasser

für die Füllung

- 1,5 kg möglichst mürbe Äpfel
- 175 g Puderzucker
- 50 g Butter
- 2 EL Weinbrand oder Calvados (wer mag)

Zubereitung:

Die Zutaten für den Teig verkneten und kalt stellen. Die Äpfel schälen, in dickere Scheiben schneiden, Kerngehäuse entfernen. Puderzucker in eine feuerfeste Form geben, auf die zweite Einschubleiste von unten stellen,

bei 225 Grad in etwa 15 Minuten karamellisieren lassen. Wenn der Zucker bräunt, herausnehmen, die Butter und dann den Weinbrand unterrühren.
Die Apfelscheiben kreisförmig auf den Karamell legen. Den Teig etwas größer als die Form ausrollen, über die Äpfel legen, den Rand etwas eindrücken, die Oberfläche mehrfach einstechen. Auf der zweiten Einschubleiste von unten 40 Minuten bei 200 Grad backen, nach dem Backen sofort auf eine Platte stürzen, eventuell mit Zimt und Puderzucker bestäuben. Der Kuchen schmeckt am besten lauwarm mit geschlagener Sahne oder Vanillesauce.

Lachsfilet in Sahne

Wem es schon bei dem Gedanken an Süßes zu Weihnachten übel wird oder wer sich graust vor dem Gedanken, Stunde um Stunde in der Küche für ein Festessen zuzubringen, aber trotzdem etwas Passendes und Leckeres zu Weihnachten essen möchte, dem kann geholfen werden.

Zutaten für 2 Personen:

- 2 Lachsfiletstücke, je etwa 150 bis 180 g
- 1 kleine Knoblauchzehe
- 30 g Butter
- 1 feingeschnittene Schalotte
- 1 Tomate, feingewürfelt
- Salz, Pfeffer
- 1/4 l Sahne

Zubereitung:

Auflaufform mit der Knoblauchzehe einreiben, Butter zerlassen und die Zwiebel leicht andünsten, Tomatenwürfel dazugeben und ganz kurz weiterdünsten. In die Auflaufform geben, Lachsstücke mit Salz und Pfeffer würzen und ebenfalls in die Form legen, mit der Sahne begießen und bei 220 Grad im vorgeheizten Backofen auf der mittleren Schiene etwa 8 Minuten schmoren. Dazu kann man essen: Reis oder Baguettebrot und Blattspinat.

Die Weihnachtszeit

Weihnachten hat entsprechend dem Osterfest im Laufe der Zeit eine Festzeit erhalten. Der alte Abschluss ist vierzig Tage nach Weihnachten der 2. Februar mit der Erzählung von der Darstellung des Herrn im Tempel und dem Lobgesang des Simeon, Mariae Lichtmess. Der Abschluss der Festzeit in den Kirchen des Ostens war entsprechend später (man berechnete das Ende der vierzig Tage vom 6. Januar ausgehend), wahrscheinlich der 14. Februar, uns heute eher als Valentinstag, dem Tag der Brautleute und Liebenden, bekannt.

Eine besondere Prägung erhielt wie bei der Osterwoche die Woche nach Weihnachten, die Weihnachtsoktav, mit den Gedenktagen des Stephanus als erstem Märtyrer (26.12.), des Evangelisten Johannes (27.12.), der unschuldigen Kinder (28.12.) und mit dem 1. Januar, dem Fest der Beschneidung des Herrn, als Abschluss der Oktav. Dieser Tag hatte zum Inhalt die Geburt, Beschneidung und Namensgebung Jesu (Lukas 2,21) sowie seine Darstellung im Tempel. Wahrscheinlich ist er ausgestaltet worden, weil man den ausgelassenen Feiern zum römischen Jahreswechsel begegnen wollte. In der gallischen Liturgie blieb nur das Thema Beschneidung des Herrn übrig. Die katholische Liturgiereform hat dies als zu historisierend empfunden und es durch das „Hochfest der Gottesmutter Maria und das Gedächtnis des Tages, an dem der Erlöser den Namen Jesus erhielt“ ersetzt.

Martin Luther polemisierte heftig gegen die Feier des Neujahrstages im Gottesdienst und forderte statt dessen, über die Namensgebung und Beschneidung Jesu zu predigen. Dennoch hielt sich in den lutherischen Kirchen der Gottesdienst zum Neujahrstag. In der lutherischen Agende von 1955 versuchte man dem mit der Bezeichnung „Tag der Beschneidung und Namensgebung des Herrn“ entgegenzusteuern. Die neue Agende sieht beides vor, wobei dem Neujahrstag Vorrang eingeräumt wird.

Eine besondere Bedeutung hat der 6. Januar gewonnen, als Epiphaniasfest oder Dreikönigstag bekannt (Näheres siehe dort). Die dem 6. Januar folgenden Feste werden in der evangelischen Kirche als Sonntage nach Epiphanias gezählt. In der katholischen Kirche wurde dieser Brauch mit der Liturgiereform aufgegeben. Dort beginnt mit dem Sonntag nach der Taufe Jesu (10.1.) die Zählung im Jahreskreis.

Erwähnenswert ist im Zusammenhang der Weihnachten folgenden Tage noch das Eselsfest, das am 14. Januar zur Erinnerung an die Flucht nach Ägypten begangen wurde. Die Flucht nach Ägypten stellte man zum Beispiel durch eine auf einem Esel reitende Frau szenisch dar. Außerdem wurde an den Esel des Bileam (4. Mose 22,22–35) erinnert und das Lob des Esels gesungen. Gelegentlich ließ man die liturgischen Gesänge auf „hinhan" enden und sang zur Entlassung statt des dreifachen Amen ein dreifaches „iaa".

Silvester

Fettgebackenes herzustellen ist zu vielen Festtagen eine sehr alte Tradition. Die in Fett gebackenen Hefeballen kennt man unter verschiedenen Bezeichnungen wie Krapfen, Kräbbelchen, Berliner Ballen, Berliner oder nur – wie in Berlin üblich – Pfannkuchen. Sie waren in vielen Regionen zu Silvester/Neujahr und zu Fasching nur als Festgebäck üblich. Im ausgehenden 19. Jahrhundert fand man in Berlin auf vielen Plätzen Stände, die Pfannkuchen gegen den „kleinen Hunger" unterwegs anboten. Pfannkuchen waren preiswert und nahrhaft und wurden damals fast so etwas wie eine Volksnahrung für zwischendurch. Die populäre Legende zur Erfindung des Pfannkuchens berichtet davon, dass er von einem Berliner Zuckerbäcker erfunden wurde, der als Kanonier unter Friedrich dem Großen dienen wollte, aber wehruntauglich war. Aber für den enttäuschten Zuckerbäcker fand sich doch noch ein Platz als Feldbäcker. Zum Dank habe er Hefestücke in runder Ballenform in heißem Fett gebacken, da kein Ofen zur Verfügung stand. Man könnte diese Kugeln auch als die ersten Kanonenkugeln betrachten, die keine zerstörerische Wirkung haben, wenn man von der schlanken Linie einmal absieht.

Diese Pfannkuchen sind als Gebäck zu Silvester oder Fasching in ganz Europa in unterschiedlicher Größe und mit unterschiedlichsten Füllungen bekannt. In der jüdischen Küche werden sie Sufganijot genannt und sind an Chanukka sehr beliebt, da zum Tempelweihfest Öl im Mittelpunkt der Festlegende steht. Fragen Sie in einer internationalen Runde einmal nach diesem Gebäck und den Variationen! Ich selbst erlebte immer einen lebhaften und lustigen Austausch unter meinen Gästen. Die spektakulärste Variante kommt für mich übrigens aus Slowenien. Dort heißt er Trojanski Krof, Trojanischer Krapfen. Er ist 200 Gramm schwer und mit Aprikosenmarmelade oder Vanillecreme gefüllt.

Berliner Pfannkuchen

Zutaten:

- 500 g Mehl
- 1 Päckchen Hefe
- 125 ml warme Milch
- 80 g Zucker
- 1 Ei und 2 Eigelb
- 80 g weiche Butter oder Margarine
- etwas abgeriebene Zitronenschale
- 1 Prise Salz

für die Füllung

- Konfitüre oder Pflaumenmus

Zubereitung:

Hefe, etwas Zucker und lauwarme Milch verrühren und etwa 20 Minuten stehen lassen. Mehl mit Salz und Zitronenschale in eine Schüssel geben und etwas mit der aufgelösten Hefe verrühren. Eier mit Zucker verschlagen, in die Schüssel geben und mit dem Knethaken kurz verarbeiten, Fett hinzufügen und alles zu einem lockeren Hefeteig kneten, etwa eine Stunde gehen lassen. Den Teig auf ein bemehltes Backblech legen und etwa 2 Zentimeter dick ausrollen. Mit einem runden Ausstecher oder einem Glas von etwa 5 Zentimeter Kreise ausstechen. Mit etwas Mehl bestäuben und mit einem Geschirrtuch bedecken. Nochmals 20 bis 30 Minuten gehen lassen.

Reste zusammenkneten, ebenfalls gehen lassen und erneut ausrollen und ausstechen.

Friteuse auf 180 Grad erhitzen. Die Ballen in kleinen Portionen ausbacken, bis sie goldbraun sind. Herausholen und abtropfen lassen. Einen Spritzbeutel mit Marmelade füllen und etwa 1 Teelöffel Füllung in den Ballen spritzen. Mit Zucker bestreuen. Noch warm schmecken sie am besten.

Neujahr

1. Januar, Neujahr, aber auch: Acht Tage nach Weihnachten – Fest der Beschneidung und Namensgebung des Herrn. Nach Lukas 2,21 wird Jesus entsprechend dem jüdischen Gesetz (1. Mose 17,12; 3. Mose 17,3) am achten Tag nach der Geburt beschnitten. Dies ist in kirchlichen Kalendern im Laufe der Zeit in den Hintergrund getreten. Ist dieser eine Vers bei Lukas ein uninteressantes historisches Detail, wie manche Theologen meinen? Oder eine hinterlistige Behauptung der Juden, die damit den heldischen Christus, der von einem germanischen Söldner gezeugt wurde, zu einem der Ihren machen wollen, wie nationalsozialistische Propaganda behauptete? Oder eine peinliche Entgleisung des Lukas, der den Gottessohn drastisch mit einem solch archaischen Brauch als historische Gestalt vorstellt, wie manche Philosophen des 19. und 20. Jahrhunderts meinen? Jesus ist keine überzeitliche Idee, er sorgt für Bodenhaftung.
Es hilft nichts. Wo man auch in den Evangelien liest: Jesus war Jude, er lebte nach jüdischen Gesetzen, er war Kind seiner Zeit. Er lebte und dachte nicht wie ein scheinbar aufgeklärter Mensch des 20. Jahrhunderts, sondern trieb Dämonen aus und verkündete den Anbruch der Endzeit. Sein Name „Jesus" – Gott rettet – ist sein Programm. Den rettenden Gott hat er mit Alltagsgeschichten nahegebracht, und nicht zuletzt hat er das Kommen Gottes gerne gefeiert. Und das nicht wohltemperiert, wie manche Deutsche meinen. Das ist gut so. Dieser Sohn des Volkes Israel hat das Christentum und die christliche Theologie bisher noch davor bewahrt, so total in jenseitige Gedankenträume abzudriften, dass der Glaube die Erde nicht mehr wiederfindet und irgendwann verdunstet.
Jesus hat also auch gerne gegessen und getrunken. Was könnte Jesus gegessen haben? Fleisch gab es bei den meisten Menschen damals wahrscheinlich seltener als heute. Aber was es bestimmt gab, waren Gerichte aus Kichererbsen, denn diese wurden bereits in prähistorischer Zeit kultiviert und waren in Vorderasien und im Mittelmeerraum beheimatet. Inzwischen werden Kichererbsen in Südamerika, in Indien und in Pakistan angebaut. Denn dort, wo Fleisch kaum zu bezahlen ist, liefern Kichererbsen pflanzliches Eiweiß zu einem erschwinglichen Preis.
Zwei Gerichten aus Kichererbsen begegnet man in Israel fast überall: der Falaffel, das sind frittierte Bällchen aus Kichererbsen, und dem Hummus, einem Brei.

Beides sind Gerichte, die meiner Meinung nach köstlich schmecken, sodass man zunächst nicht genug davon bekommen kann, die aber so mächtig sind, dass man eines schnell erkennt: Wer genug Hummus isst, der bleibt von selbst auf dem Erdboden.

Hummus

Zutaten für 2 bis 4 Personen:

- 250 g Kichererbsen
- 2 TL gekörnte Brühe
- 2 Prisen Cayennepfeffer
- 1 TL Kreuzkümmel
- Knoblauchzehe
- 2 TL Salz
- etwas Koriander
- 1 EL Zitronensaft
- 2 EL Olivenöl
- ½ EL Tehina (Sesampaste)

Zubereitung:

Kichererbsen mit reichlich Wasser über Nacht einweichen. Am nächsten Tag mit den Gewürzen ungefähr 2 Stunden kochen.

Wenn das Wasser zu wenig wird, nachfüllen, da Kochwasser für die weitere Zubereitung benötigt wird. Die weichen Kichererbsen portionsweise mit etwas Kochwasser pürieren, den Zitronensaft, die Sesampaste und das Olivenöl hinzufügen. Die Paste abschmecken und eventuell noch mit den angegebenen Gewürzen nachwürzen. (Wer keine Sesampaste bekommen kann, püriert selbst Sesamkörner im Mixer.) Man gibt die fertige Paste in eine Schale, streicht sie glatt, gießt etwas Olivenöl darüber und dekoriert – je nach Vorrat – mit einigen ganzen Kichererbsen, Pinienkernen, Oliven und Petersilie.

Falaffel

Zutaten für 2 Personen:

- 175 g getrocknete Kichererbsen
- 1 Scheibe trockenes Weißbrot
- 1 mittelgroße Zwiebel
- 2 Knoblauchzehen
- 1 EL Kreuzkümmel
- 1 TL Korianderkraut oder Petersilie
- 1 TL gemahlener Koriander
- Kurkuma
- Petersilie gehackt oder Korianderblätter
- 2 TL Salz
- schwarzer Pfeffer
- 3 EL Mehl
- 1 TL Backpulver
- Ausbackfett

Zubereitung:

Kichererbsen über Nacht in reichlich Wasser einweichen. Am nächsten Tag abgießen und spülen. Das Brot mit Wasser einweichen, dann ausdrücken. Die Kichererbsen mit dem Brot zu einer mittelfeinen Paste pürieren. Knoblauch und Zwiebel sehr fein schneiden und zur Masse geben. Mit den angegebenen Gewürzen kräftig abschmecken. Mehl mit Backpulver mischen und unter die Masse rühren. Die Masse sollte nicht zu fest, aber auch nicht zu weich sein, sodass sich kleine haselnussgroße Bällchen formen lassen. Andernfalls noch Mehl oder Wasser unterrühren.

Das Fett auf 180 Grad erhitzen und die Bällchen portionsweise ausbacken, bis sie knusprig braun sind. (Eventuell eines zur Probe backen.) Die gebackenen Bällchen auf Küchenkrepp abtropfen lassen. Dazu schmecken eine würzige Joghurtsauce und helles Brot.

Der Dreikönigstag

Zur Geschichte

Der 6. Januar, Epiphanias, bei uns auch Dreikönigstag genannt, ist das ursprüngliche Geburtsfest Christi in den Ostkirchen. Es ist älter als das westliche Weihnachtsfest. Unter Epiphanie wird in der Antike die sichtbare Erscheinung eines Gottes oder auch der Besuch des als Gottheit verehrten Herrschers in den Städten des Reiches verstanden.

Die Ostkirche feierte dagegen das Erscheinen der Menschenfreundlichkeit und der Herrlichkeit Gottes in der Welt. Dieses Offenbarwerden Gottes in Jesus Christus wurde mit verschiedenen neutestamentlichen Erzählungen verbunden. Haupterzählung war die Taufe Jesu, bei der Gott sich als Vater, Sohn und Geist zeigte und die als eigentliche Geburt des Christus gefeiert wurde. Weitere Themen sind das Kommen der Weisen aus dem Morgenland, denen sich der Messias als Weltenkönig zeigte, und die Hochzeit zu Kana, bei der Jesus nach dem Johannesevangelium sein erstes Wunder wirkte. Ob das Datum auf die in Ägypten beheimatete Feier der Geburt des Sonnengottes Aion aus der Jungfrau Kore in der Nacht vom 5. auf den 6. Januar Bezug nimmt, ist umstritten. Interessant ist, dass zu dieser Feier ein Wasserritus gehörte: Am 6. Januar ging man zum Nil, um heilbringendes Wasser zu schöpfen.

Die Westkirchen feierten das Geburtsfest Jesu als das Fest der Menschwerdung Gottes am 25. Dezember. Im Laufe der Zeit beeinflussten sich beide Traditionen, sodass man in West und Ost jeweils das andere Fest übernahm und in den eigenen Festkalender integrierte.

Wie kommen die drei Weisen oder Könige auf den 6. Januar? In der Ostkirche gehörten sie immer zur Geburtsgeschichte. Auf allen Weihnachtsikonen sind sie dargestellt. In der Ostkirche wird nun die Geburtsgeschichte und die Erzählung von den Weisen mit dem 25. Dezember verbunden, und die Festikone vom 6. Januar stellt die Taufe Jesu dar. Die Westkirche übernimmt zusätzlich das Thema Epiphanie, Erscheinung Gottes in der Welt, und das Datum des 6. Januar, hat aber als Haupttext des Festes die matthäische Erzählung von den drei Weisen. Die weiteren Epiphanietexte – Taufe Jesu, Hochzeit zu Kana, Hauptmann von Kapernaum, Stillung des Seesturms, Gleichnis vom Unkraut im Weizen, Verklärung Jesu – werden auf die Sonntage nach Epiphanias gelegt.

Zum Thema

Was haben Weihnachten und Epiphanias miteinander zu tun, und wodurch unterscheiden sie sich? Es geht in beiden Festen darum, auszudrücken und zu feiern, was das Kommen Jesu für die Menschen bedeutet und was es uns über Gott sagt. Und weil man das nicht mit einem Wort sagen kann und alle menschlichen Versuche, dies auszusagen, immer nur wie Gestammel angesichts der Liebe und Größe Gottes sind, gibt es viele Aspekte, die zu unterschiedlichen Zeiten und unter unterschiedlichen geistesgeschichtlichen Voraussetzungen zusammengetragen wurden.

In unserer westlichen Tradition hat Weihnachten den Akzent, die Liebe Gottes zu den Menschen zu zeigen, indem er in seinem Sohn Mensch wird, das heißt einer von uns. Das Epiphaniasfest beleuchtet eher die Herrlichkeit Gottes, die sich in Jesus Christus aller Welt zeigt, und stellt uns Christus als König vor Augen. Die Hervorhebung der „Heiligen Drei Könige" hat den ursprünglichen Akzent des Festes verschoben: Aus der Feier der Erlösung durch Christus, den König, wurde die Verehrung von heiligen Königen, ein Christusfest wurde ein Heiligenfest.

Die Erzählung von den drei Weisen aus dem Morgenland als Festtagstext hat das Thema Mission und „Dritte Welt" hervorgebracht. Die in katholischen Gemeinden Tradition gewordenen Sternsinger sammeln Spenden für diesen Zweck.

Die Festerzählung von den drei Weisen oder Königen hat schon immer die Fantasie angeregt. Es entstanden reiches Brauchtum und viele Erzählungen zum Weg und Schicksal der drei Weisen. Das Evangelium nach Matthäus nennt keine Zahl, aber seit dem 3. Jahrhundert wurde mit Origenes von der Dreizahl der Gaben (Gold, Weihrauch, Myrrhe) auf drei Personen geschlossen. Durch Rückgriff auf alttestamentliche Texte, die man als messianische Weissagungen verstand, zum Beispiel 4. Mose 24,17; Jesaja 49,23; 60,5f; Psalm 72,10–15, hat man die Magier schließlich im 6. Jahrhundert zu Königen gemacht. Ab dem 9. Jahrhundert wurden ihnen die Namen Kaspar, Melchior und Balthasar gegeben, und im Mittelalter sah man sie als Repräsentanten der drei Alter des Menschen oder/und als Repräsentanten der damals bekannten Kontinente. Durch die Übertragung der Reliquien der „Heiligen Drei Könige" von Mailand nach Köln im Jahr 1164 trat ihre Verehrung besonders im deutschsprachigen Raum mehr und mehr in den Vordergrund. Das erzählte Geschehen wurde schon früh szenisch gestaltet, und es entstand der Brauch, sich als die drei Könige beziehungsweise

Sternsinger zu verkleiden und Gaben zu erbitten. Das entspricht dem Heischerecht der Kinder an Festtagen. Besonders in überwiegend katholischen Gegenden ist im Zusammenhang mit dem Besuch der Sternsinger ein Haussegen verbunden, bei dem auf die Tür oder den Türbalken „20 C+M+B 11“ geschrieben wird. Die Bedeutung der Buchstaben hat weniger mit den Initialen der Drei Könige zu tun. Es sind die Anfangsbuchstaben des lateinischen Haussegens: „Christus Mansionem Benedicat“ (Christus segne dieses Haus). Die Zahlen geben das Jahr an.

Zur Küche

Die Küche und die Mägen sind vom Weihnachtsfest meist noch so überwältigt, dass der Dreikönigstag ganz in dessen Schatten steht oder – als zweites Weihnachtsfest – ähnliche Festtagsgerichte kennt. Üblich ist Fettgebackenes und das Einbacken einer (Kaffee-) Bohne in einen festen Kuchen. Wer sie in seinem Stück findet, dem ist es ein glücksverheißendes Zeichen.

Französischer Dreikönigskuchen

Falls Sie zum Dreikönigstag nicht irgendeinen Napf- oder Rührkuchen mit einer versteckten Bohne oder Münze backen wollen, dann empfiehlt sich ein französisches Rezept, denn der Dreikönigstag ist einer der großen Feiertage in Frankreich. Bereits früher am Hofe wurde er als das Fest der Könige ausgiebig gefeiert. Bis heute ist es üblich, einen großen Kuchen in Form einer Krone zu backen. Man steckt eine Münze in den Teig, und wer das Geldstück findet, erhält für einen Tag königliche Würden, wozu auf jeden Fall eine würdige Krone gehört. Auch ist es üblich, dass der oder die sich etwas wünschen darf, den Ehrenplatz beim Festessen erhält oder den weiteren Verlauf des Tages bestimmen darf.

Früher reservierte man vom Dreikönigskuchen Stücke für die drei Weisen und für die Heilige Familie. Später wurden sie an die Armen ausgeteilt. Auch von der Festtagstafel erhielten die Armen an diesem Tag ihren Teil, den „part de bon Dieu", den Teil des lieben Gottes.

Zutaten:

- 300 g Mehl
- 20 g Hefe
- 125 g Zucker
- 100 ml lauwarmes Wasser
- 125 g Sultaninen
- 150 g Butter
- 1 Prise Salz
- 1 Päckchen Vanillinzucker
- abgeriebene Schale einer Zitrone
- 1 Ei
- 1 TL Orangenblütenwasser zum Bestreichen

zum Bestreuen

- 20 g Hagelzucker
- 75 g Orangeat

Zubereitung:

Für den Teig Mehl in eine Schüssel geben, Hefe in eine Mehlmulde bröckeln, 1 Teelöffel Zucker dazugeben, mit dem warmen Wasser verrühren und 15 Minuten an einem warmen Ort gehen lassen. Butter schmelzen und mit den restlichen Teigzutaten zum Vorteig geben und einen Hefeteig kneten. 30 Minuten gehen lassen, dann auf einer bemehlten Arbeitsfläche zu einer Kugel formen, von der Mitte aus zu einem Kranz ziehen und eine Bohne oder eine abgekochte Münze in dem Kranz verstecken. Auf ein gefettetes Backblech legen, mit Orangenblütenwasser bestreichen und mit Hagelzucker und Orangeat bestreuen. Mit einer Schere außen rundherum etwa 1½ Zentimeter einschneiden, gut 30 Minuten an einem warmen Ort gehen lassen. Im vorgeheizten Ofen auf der mittleren Schiene bei 180 Grad etwa 30 Minuten backen. Der Kuchen schmeckt am besten frisch.

Dreikönigstee

„Geh doch dahin, wo der Pfeffer wächst!" Das ist für uns heute meist die unfreundliche Aufforderung, möglichst weit und damit lang zu verschwinden. Wo der Pfeffer wächst, das war ganz weit, im Morgenland. Pfeffer bedeutete im Mittelalter häufig nicht nur ein Gewürz, sondern meinte alle scharfen orientalischen Gewürze, und die waren eine Bereicherung für die häufig fade nordische Kost. Ein paar Stäubchen Pfeffer, eine trockene Muskatblüte, eine Messerspitze Ingwer, Kardamom oder Zimt dem gröbsten Gericht zugemischt – und schon spürt der Gaumen einen erregend fremden Geschmack. Gewürze waren teuer; der lange, beschwerliche Transport ließ ihren Preis um 600 Prozent steigen. An Gewürzen konnte man ein Vermögen verdienen, es war Gold wert: Als Pfeffersäcke wurden die steinreichen Kaufleute beschimpft. Wer reich war, musste aus Statusgründen seine Speisen anständig würzen. Die Speisen waren dann erst richtig, wenn sie toll überpfeffert auf den Tisch kamen. Selbst an Wein, Bier und andere Getränke musste soviel Gewürz, dass jeder Schluck wie Schießpulver brannte.

Wer nicht reich war, konnte sich diese kostbaren Gewürze höchstens an Festtagen leisten. Wenigstens am Weihnachtsfest wollte man sie im Gebäck, in verschiedenen Gerichten und Getränken genießen. Und natürlich entdeckte man in den so gewürzten Speisen einen tiefen Sinn. Gott, der in Jesus in die Welt gekommen ist, ist für das Leben der Menschen wie kostbares Gewürz. Wie die Würze selbst das gröbste, geschmackloseste Essen in ein kulinarisches Vergnügen verwandeln kann, so verwandelt das Kommen Christi die Welt. Man muss es nur probieren. Die Herrlichkeit Gottes ist in die Welt gekommen, das ist auch die Botschaft von Epiphanias. Den drei Weisen aus dem Morgenland hat sich Gott in Jesus als ersten Heiden gezeigt. Man stellte sich vor, die geheimnisvollen Gestalten kamen ganz weit aus dem Osten. Tatsächlich gab es durch Palästina geheime Gewürzstraßen, die von Arabien und Somalia durch die Wüste herführten. Die Geschenke der Weisen – Gold, Weihrauch und Myrrhe – hat man später schnell mit den Gewürzen in Verbindung gebracht und sich vorgestellt, dass diese geheimnisvollen Gestalten dem Christuskind selbstredend noch viele anderen kostbaren Gewürze mitgebracht haben. Denn sie kamen ja aus dem Osten, von dort, wo der Pfeffer wächst. Also lassen auch Sie sich vom Wohlgeschmack der Gewürze verführen! Ich schlage einen köstlich duftenden und wohlschmeckenden Tee vor.

Zutaten für 2 Tassen:

(machen Sie mehr, er reicht nie!)

- 2 TL Tee (am besten Darjeeling)
- 2 TL Zucker
- 1 Tasse Wasser
- 1 Tasse Milch
- gemahlene Nelken
- Zimt
- Kardamom
- Prise Ingwer

Zubereitung:

In einen nicht zu großen Topf Tee und Zucker geben und so lange erhitzen, bis eine braune Masse entsteht, dabei rühren. Sofort die Tasse Wasser dazu gießen. Gewürze dazugeben, aufkochen lassen. Milch zugeben, erhitzen und eventuell nachwürzen. Seien Sie nicht zu zaghaft mit den Gewürzen! Vor dem Aufkochen durch ein Sieb gießen und in Tassen füllen. Fertig!

Das richtige Rezept für kalte Wintertage oder für besinnliche Festtage.

Valentinstag

Auch der Valentinstag als Fest der Liebenden ist, wie oben schon erwähnt, im Kalender des Weihnachtsfestkreises verankert. Meist wird zu diesem Tag auf einen Heiligen Valentin von Terni verwiesen. Er war im dritten Jahrhundert Bischof und soll einige Verliebte getraut haben, die nach damaligem kaiserlichen Befehl nicht heiraten durften, und soll außerdem den frisch Verheirateten Blumen aus seinem Garten geschenkt haben. Er wurde wegen seines christlichen Glaubens 269 unter Kaiser Claudius enthauptet. Der 14. Februar steht aber schon seit ältesten Zeiten in Verbindung mit der in Jerusalem üblichen Feier der Menschwerdung Christi. Aus Jerusalem berichtet die Pilgerin Ätheria um 400, dass der 40. Tag (14.2.) nach Epiphanie, dem damals einzigen Geburtsfest Jesu, mit einem großen Fest begangen wurde. Hintergrund sind die biblischen Geschehnisse im Tempel von Jerusalem, die in Lukas 2,22–39 erzählt werden. Dort wird berichtet, dass Jesus von seinen Eltern 40 Tage nach seiner Geburt in den Tempel gebracht wird, um entsprechend dem jüdischen Gesetz als erstgeborener Sohn durch ein Opfer ausgelöst zu werden. Um die Mitte des 5. Jahrhunderts erscheint dieser Tag im Festkalender als „Fest der Begegnung". Dieses Fest war schon damals mit einer Lichterprozession verbunden.

Die Lichter erinnern daran, dass Simeon bei diesem Ereignis Jesus ein „Licht zur Erleuchtung der Heiden" genannt hat. Das Fest erinnert auch daran, dass Jesus bei diesem Ereignis zum ersten Mal im Tempel, im Haus seines Vaters, ist. In der Liturgie wird dies als die ersehnte Ankunft des Herrn und Bräutigams gefeiert. Die Kirche, als wartende Braut vorgestellt, begrüßt an diesem Tag den ankommenden Bräutigam. Die Liebe Gottes zu den Menschen wurde in christlicher Tradition immer auch als Grund und Quelle der Liebe unter Menschen insbesondere der Liebenden betrachtet.

In der weströmischen Kirche ist dieses Fest als Mariae Lichtmess bekannt. Heute heißt es im römischen Kalender „Darstellung des Herrn" und wird bei uns 40 Tage nach Weihnachten, also am 2. Februar, gefeiert.

Griechische Liebesschleifen

Zutaten:

- 250 g Mehl
- 1 gestrichener TL Backpulver
- 150 g Zucker
- Saft und Schale von 2 Apfelsinen
- 1 Prise Salz
- 200 g Butter oder Margarine

Dekoration

- Puderzucker
- etwas Zimt
- gehackte Walnüsse gemischt

Zubereitung:

Butter in Würfel schneiden und alle Zutaten schnell zu einem Mürbteig kneten. 1 Stunde im Kühlschrank ruhen lassen. Danach messerrückendick ausrollen und 2 mal 15 Zentimeter große Streifen ausradeln. In jeden Streifen einen lockeren Knoten schlagen. In heißem Öl oder Backfett goldgelb backen, noch heiß mit der Nussmischung bestreuen.

Vorbereitung auf Ostern & die Osterfestzeit

Die Vorbereitungszeit auf Ostern

Zur Geschichte

Unsere heutige Passions- oder Fastenzeit hat sich über lange Jahrhunderte vielschichtig entwickelt. Schon früh findet sich der Brauch, vor der Ostervigil, der Feier der Osternacht, mit dem Beginn der Nachtwache zu fasten. Zunächst fastete man Freitag und Samstag vor Ostern, bald wurde diese Zeit auf eine Woche ausgedehnt. Die Verlängerung des Fastens entsprang dem Bedürfnis, sich in besonderer Weise auf das Osterfest vorzubereiten. Fasten und Askese waren in der Antike hochgeschätzte Mittel der Läuterung und der religiösen Vorbereitung. Das Fasten war kein besonderes Merkmal der Christen; sie folgten in dieser Hinsicht eher damals üblichen religiösen Vorstellungen. Das Judentum kannte feste Fastentage und das Fasten als Zeichen der Buße, der Sühne und als Ausdruck der Trauer. Auch im heidnischen Umfeld war Fasten zum Beispiel bei der Initiation in die Mysterien üblich.

Fasten bedeutete Kampf gegen das Böse und Verstärkung des Gebetes. Für Christen war es vor allem die Vorbereitung für den Geistempfang in der Taufe und allgemein eine Vorbereitung für religiöse Handlungen. Es hatte auch die Funktion, bei sich zu sparen, um andernorts hilfstätig wirken zu können.

Unterschiedliche Formen und Grade des Fastens haben sich entwickelt. Es gibt das Vollfasten, das heißt nur Wasser – eventuell auch etwas Brot – sind für eine bestimmte Zeit erlaubt, oder es wird nur eine Mahlzeit am Tag eingenommen. Weiter gehört zum Fasten die Enthaltung von Fleischspeisen und Wein, später auch von Milch, Butter, Käse und Eiern. Das Fasten bezog sich aber nicht nur auf das Essen, sondern auf alle Vergnügungen wie Tanz, Spiel, Musik, Bäder, schöne Kleidung und Sexualität.

Vom Hochmittelalter an lässt sich eine fortlaufende Milderung der Fastenpraxis beobachten. Die katholische Kirche kennt heute nur noch zwei gebotene Fasttage: Aschermittwoch und Karfreitag. Die reformatorischen Kirchen stehen dem Fasten skeptisch gegenüber, weil es insgeheim leicht als Leistung verstanden wird, mit der man glaubt, bei Gott Gnade und Heil erlangen oder durch bestimmte Übungen sich selbst erlösen zu können.

Seit etwa 350 ist die 40-Tage-Zeit als bekannt belegt. Sie wird Quadragesima genannt. Die Zahl 40 hat

besondere biblische Bedeutung als Zeit der Prüfung und Vorbereitung, der Läuterung, der Buße, des Übergangs. Als wichtigste Beispiele für vierzig Tage währende Begebenheiten sind zu nennen die Sintflut, Mose auf dem Sinai, die Wüstenwanderung, Elija am Horeb, der Untergang Ninives, die Versuchung Jesu in der Wüste.

Die Ostkirche folgte wahrscheinlich schon bald der Jerusalemer Gewohnheit, acht Wochen zu fasten, mit Ausnahme der Samstage und Sonntage (8 mal 5 = 40). Im Westen rechnete man sechs Wochen einschließlich der Sonntage bis zum Gründonnerstag (6 mal 7 = 42 – 2 = 40). In der Zeit Gregors des Großen fing man an, die Fastenzeit mit dem Mittwoch beginnen zu lassen, nahm die Sonntage aber jetzt vom Fasten aus, weil sie Gedächtnis der Auferstehung Jesu sind, und bezog statt dessen Karfreitag und Karsamstag in die Vorbereitungszeit ein, sodass auch wieder die Zahl 40 erreicht wurde.

An dieser Zählung ist zu sehen, dass man anfing, die Fastenzeit als Vorbereitungszeit auf Ostern und nicht mehr als Vorbereitung zur Feier der drei Tage der Erlösung in Tod und Auferstehung Jesu (das österliche Triduum) zu sehen. Durch diese Zählung werden Karfreitag und Ostern getrennt und zwei Zeiten zugeordnet. Dies hat im Laufe der Geschichte Folgen für ein verändertes Verständnis des Karfreitags als Vorbereitung oder Durchgangsstadium für Ostern.

Eine besondere Ausgestaltung erfuhr der Aschermittwoch als Beginn der Bußzeit, die mit der Ausweisung der öffentlichen Büßer aus der Kirche begann. Sie wurde dramaturgisch gestaltet. Man spielte die Vertreibung Adams und Evas aus dem Paradies nach. Die Sünder wurden durch eine Person, die als Engel verkleidet war, nicht aus dem Paradies, aber aus der Kirche getrieben. Ab dem 9./10. Jahrhundert verlor sich der Brauch. Alle Gläubigen unterzogen sich jetzt dem Ascheritus, bei dem Asche auf das Haupt gestreut wird als Zeichen der Buße und der nun beginnenden Bußzeit für die ganze Gemeinde.

Die sogenannte Vorfastenzeit ist in Gallien durch östlichen Einfluss entstanden und später in Rom übernommen worden. Das sind die Sonntage Septuagesimae, Sexagesimae, Quinquagesimae. Während die evangelische Kirche weiterhin an der Vorfastenzeit festhält, ist sie in der katholischen Kirche mit der Liturgiereform abgeschafft worden.

Zu Themen und Bedeutung

Ost und West stimmen in der Bedeutung der vierzig Tage überein: Es ist eine Zeit der Besinnung auf die Botschaft Jesu und der Umkehr zum Evangelium, aber vor allem eine Zeit der Taufvorbereitung derjenigen, die sich zu Beginn der Fastenzeit einschreiben ließen, um in der Osternacht getauft zu werden.

Die Auswahl der Evangelientexte für die Sonntage der Fastenzeit macht beide Aspekte deutlich:

1. Sonntag (Invokavit) Wüstenaufenthalt und Versuchung Jesu
2. Sonntag (Reminiszere) Gleichnis von den bösen Weingärtnern
3. Sonntag (Okuli) Dämonenaustreibung Lukas 11,14–28, Exorzismen
4. Sonntag (Lätare) Gleichnis vom Weizenkorn
5. Sonntag (Judika) Rangstreit der Jünger
6. Sonntag (Palmarum) Einzug Jesu in Jerusalem

Am Sonntag vor Ostern begannen die letzten Taufvorbereitungen, wie die Salbung mit Katechumenenöl und letzte Unterweisungen.

Zur Küche

Die Tage vor dem Beginn der Fastenzeit im engeren Sinn, also Fasching oder Karneval, sind noch einmal Anlass, Bestes aus Küche und Keller zu holen. Bis heute bekannt ist Fettgebackenes wie Berliner (Pfannkuchen), Ballbäuschen, Prilleken, Krapfen, Mutzenmandeln, Hobelspäne, Fastnachtsscherben, Eberswalder Spritzkuchen, Krapfen und wie sie sonst noch heißen. In der Fastenzeit selbst hat sich wenig spezifisches Brauchtum entwickelt. Der Ernst der Vorbereitung auf Ostern und der damit häufig verbundene Kampf gegen das Fleisch oder die Sinnlichkeit ließen dafür auch nicht viel Raum. Je nach Region finden sich unterschiedliche Fastenspeisen. Dazu zählen viele Mehlspeisen wie Maultaschen, Mehlsuppen, Knödel und – je nach Strenge der Fastenvorschriften – auch Eierspeisen wie Pfannkuchen, Armer Ritter oder auch Gebäck, das statt mit Milch mit Wasser und wenig Fett zubereitet wurde, wie Fastenringe oder Fastenbrezeln.

Viele, die heute die Fastenzeit beachten, verzichten auf Süßspeisen, Alkohol, anregende Getränke wie Kaffee, bevorzugen einfache, meist vegetarische Gerichte oder beziehen ökologische und „Dritte-Welt"-Welt Aspekte in die Auswahl der Speisen ein. Man könnte sich zum Beispiel durch entsprechende Gerichte auch deutlich machen, wovon sehr viele Menschen in verschiedenen Erdteilen leben und womit sie täglich auskommen müssen.

Fastnachtsscherben der Schwester Reinheldis

Das Kochen lernte ich zuerst bei meiner Mutter, dann bei meiner Hauswirtschaftslehrerin. Schwester Reinheldis war katholische Ordensschwester und verstand viel von ihrem Fach. Vor dem Kochen und Essen unterrichtete sie trotz knurrender Mägen mit unerbittlicher Strenge die Theorie. Wir würden ihr noch dankbar sein, meinte sie – was wir ihr natürlich nicht glaubten. Dann ging es endlich an die Praxis. Wenn es beim Kochen kritisch wurde, nahm sie, für mich bis heute befremdlich, sofort Kontakt zur himmlischen Welt auf und rief diverse Heilige um Hilfe an. Unvergessen ist mir das Stürzen von Eierstich: „Tönnes hilf!", rief sie und erklärte: „Als geborene Kölnerin darf ich den heiligen Antonius so anrufen, der ist unser Schutzpatron", und wirklich lag dann der Eierstich bei ihr immer prächtig und unversehrt auf dem Teller. Neben Tipps und Tricks fand bei passender Gelegenheit auch eine religiöse Unterweisung statt, die wir als Schülerinnen für den Gipfel der Verschrobenheit hielten. Ein Rezept, beheimatet im rheinischen Karneval, habe ich aufbewahrt, weil es für Fettgebackenes unkompliziert ist: Fastnachtsscherben. Das Rezept ist ein Familienrezept geworden; an die Erklärung der Schwester Reinheldis habe ich aber lange nicht mehr gedacht, weil ich sie damals nur komisch fand: „Wegen Ostern kann man auch mit Scherben leben ..." Dann ermahnte sie uns mehrfach: „Kinder, ihr könnt alles dick mit Puderzucker bestreuen!"

Zutaten für 2 Personen:

- 200 g Mehl
- 2 Eigelb
- 1 Päckchen Vanillinzucker
- 2 EL saure Sahne
- 1 EL Rum
- 50 g Margarine

Zubereitung:

Mehl in eine Schüssel schütten, Eigelb in eine Mulde geben und mit Vanillinzucker, saurer Sahne und Rum etwas verrühren. Die Margarine in Flöckchen verteilen und alles zusammen möglichst schnell mit einem Messer oder mit den Knethaken des Handrührgerätes zu einem glatten Teig verarbeiten. 10 Minuten in das Tiefkühlfach legen, dann messerrückendick ausrollen und Vierecke ausradeln. Portionsweise im Fett goldbraun ausbacken, Fett abtropfen lassen und, wie oben schon gesagt, mit Puderzucker bestäuben. Die Fastnachtsscherben schmecken auch kalt oder am nächsten Tag noch sehr gut.

Knuspriges Fladenbrot

Zutaten:

- 1 Türkisches Fladenbrot (etwa 250 g)
- 2 Knoblauchzehen
- knapp ½ TL Salz
- 2 TL Rosenpaprika
- 1 ½ EL Kreuzkümmel
- 6 EL Olivenöl
- 2 EL Sesam

Zubereitung:

Das Fladenbrot quer durchschneiden, Knoblauch durchpressen, mit den Zutaten vermischen, die Paste auf die Hälften streichen und bei 175 Grad im vorgeheizten Backofen auf der zweiten Schiene von unten 20 Minuten backen.

Armer Ritter

Zutaten für 2 Personen:

- ⅛ l Milch
- 2 Eier
- 1 Prise Salz
- 4 Toast- oder Weißbrotscheiben

Zubereitung:

Milch, Eier und Salz verschlagen. Die Brotscheiben schräg halbieren. In der Eiermilch 2 Minuten quellen lassen, eventuell wenden und in Margarine oder Butterschmalz goldbraun braten. Dazu kann man Pflaumenmus, Apfelmus oder Preiselbeerkompott servieren – oder man isst die gebratenen Scheiben so.

Wer Anlass zum Feiern in der Fastenzeit sieht, der nimmt statt der Milch Sahne und bietet verschiedene Saucen an.

Brezel in Urform

Die Brezel ist schon seit Jahrhunderten bekannt und galt als Fastenspeise, weil sie ein fleischloses Nahrungsmittel ist. Vermutlich war schon in vorchristlicher Zeit die Brezel als Opfer oder Totengabe bekannt. Bei den Mönchen hatte sie eine andere Bedeutung. Sie deuteten die Brezel als zum Gebet verschlungene Arme oder als zum Gebet gekreuzte Hände. Sie war das Symbol des Gebets und der Hingabe an Gott, der Verbundenheit mit Gott und den Menschen, der Unendlichkeit. Darum sind und waren Brezeln außer als Fastenspeise auch als Geschenk zur Hochzeit beliebt, zum neuen Jahr und zu Ostern und Weihnachten.

Aber die eigentliche Brezel-Saison war früher nur einmal im Jahr, und zwar zur Fastenzeit. Als ein Beispiel für viele Rezepte schlage ich Ihnen diese Gründonnerstagsbrezeln vor.

Zutaten:

- 500 g Mehl
- 25 g Hefe
- 40 g Zucker
- 1/8 l lauwarme Milch
- 1 Prise Salz
- 75 g Schweineschmalz oder ein anderes Fett
- 1/8 l warmes Wasser mit 1 TL Salz

zum Bestreichen

- 1 EL Salz zum Bestreuen

Zubereitung:

Mehl in eine Schüssel geben, in eine Mulde die Hefe bröckeln und mit 1 Teelöffel Zucker und der Milch zu einem Vorteig verrühren. (Sie können auch Trockenhefe nehmen, dann können Sie auf die Zubereitung eines Vorteigs verzichten.) An einem warmen Ort gut 15 Minuten gehen lassen und alles mit den restlichen Zutaten zu einem geschmeidigen Teig verkneten und gut durcharbeiten. Zugedeckt mindestens 30 Minuten an einem warmen Ort gehen lassen. Mit bemehlten Händen etwa 40 Zentimeter lange und 1 Zentimeter dicke Teigrollen herstellen und zu Brezeln zusammenlegen. Brezeln auf ein gefettetes Backblech legen. Wasser mit Salz verrühren, damit die Brezeln bestreichen und mit Salz bestreuen. Salzkörner leicht andrücken.

Bei 220 Grad etwa 30 Minuten auf der mittleren Schiene backen, zwischendurch noch ein- bis zweimal mit Salzwasser bestreichen, damit sie schön knusprig werden. Sie schmecken am besten noch lauwarm.

Wer eine große, süße Brezel für eine besondere Gelegenheit wie Neujahr, Ostern oder zu einer Hochzeit backen möchte, kann dazu ein bewährtes Rezept für einen etwas festeren, süßen Hefeteig mit 500 Gramm Mehl oder dieses Rezept nehmen:

Zutaten für 2 große Brezeln:

- 500 g Mehl
- 40 g Hefe
- 1 TL Zucker
- 1/8 l lauwarme Milch
- 100 g Butter oder Margarine
- 100 g Zucker
- 1 Päckchen Vanillinzucker
- 1 Prise Salz
- 1 Ei zum Bestreichen
- 20 g gehackte Mandeln
- 40 g Puderzucker zum Bestäuben

Zubereitung:

Mehl in eine Schüssel geben, Hefe in eine Vertiefung bröckeln, Zucker und lauwarme Milch hinzugeben und zu einem Vorteig verrühren, etwa 15 Minuten an einem warmen Ort gehen lassen. Das Fett schmelzen lassen und mit den restlichen Zutaten zu einem geschmeidigen Teig verarbeiten und gut durchkneten. Teig halbieren, jede Hälfte zu einer etwa 70 Zentimeter langen Rolle formen, die Enden viermal einschneiden, sodass „Finger“ entstehen. Die beiden „Hände“ ineinanderlegen. Brezeln mit verquirltem Ei bestreichen und mit Mandeln bestreuen. Brezeln auf ein gefettetes Backblech legen, 30 Minuten an einem warmen Ort gehen lassen.

Bei 220 Grad etwa 20 Minuten auf der mittleren Schiene backen. Mit Puderzucker bestäuben.

Sie können aus dem ganzen Teig natürlich auch eine ganz große oder etwa sechzehn kleine Brezeln herstellen.

Bananencurry

Warum ist die Banane krumm? Das ist manchmal eine entnervte Rückfrage von Eltern, die von ihren Sprösslingen mit unbeantwortbaren Fragen bombardiert werden. Auch im Kirchenjahr beginnt nun traditionell eine Zeit des Lernens und Fragens. Früher trugen sich die Taufbewerber in die Tauflisten ein, und damit begann die unmittelbare Vorbereitung auf die Taufe in der Osternacht. Da wurde gelehrt, gefragt, wiederholt. Dieses Lehren und Fragen spiegelt sich heute noch in den Texten der Gottesdienste der kommenden Wochen: „Warum bekommen im Gleichnis die Letzten soviel wie die Ersten?“, „Warum geht nicht jeder Same auf?“, „Bin ich ein guter Boden für das Wort Gottes?“, „Warum muss Christus leiden?“, „Warum glaubt ihr, dass Jesus der Retter der Welt ist?“ Da kann man viel erklären, verständlich machen, aber irgendwann bleibt nur die Frage des Glaubens, die nach einer Antwort verlangt. Es ist ein guter Brauch, den Täuflingen in dieser Zeit vor Beginn der strengen Fastenzeit hilfreich zur Seite zu stehen und dem ganzen Menschen das Wort Gottes schmackhaft zu machen, zum Beispiel auch durch Wohlgeschmack auf der Zunge. Fragen sind wichtig, aber nur der Glaube kann genießen, wie wohl Gott den Menschen tut.

In Gegenden, in denen viele als Erwachsene getauft werden, findet auch heute noch eine besondere, längere Vorbereitung auf die Taufe statt. Das folgende Rezept habe ich von einem katholischen Missionsorden. Es hat viele Vorzüge: Es ist schnell gemacht, auch in großen Mengen, Bananen sind dort preiswert, und man kann die Frage, warum die Banane krumm ist, beiseite lassen und nach anstrengendem Nachdenken einfach nur genießen.

Zutaten für 2 Personen:

- 1 EL Margarine oder Butter
- 1 kleine, gehackte Zwiebel
- 1 EL Currypulver (die Menge richtet sich nach Ihrem Geschmack)
- 1 kleiner Apfel
- 1 EL Aprikosenmarmelade (geht auch ohne)
- 1 Tasse Wasser oder Milch
- Salz
- 4 Bananen (es eignen sich auch überreife – und krumme!)

Zubereitung:

Zwiebeln im Fett kurz andünsten, Currypulver zugeben und mit dem Fett verrühren, kleingeschnittenen Apfel zugeben und ebenfalls kurz andünsten. Aprikosenmarmelade unterrühren und etwas salzen. Flüssigkeit hinzufügen. Drei Bananen in Scheiben schneiden und in den Topf geben, umrühren und etwa 5 bis 10 Minuten kochen lassen. Wenn der Brei zu fest wird, noch etwas Wasser hinzufügen. Zum Schluss die übrige Banane in Scheiben schneiden, unterrühren und kräftig mit Salz und eventuell Curry abschmecken. Wer es schärfer möchte, kann noch eine kleingeschnittene Peperoni hinzufügen oder eine scharfe Currymischung beim Inder kaufen.

Dazu passt natürlich am besten Reis, aber auch leichtes Fladenbrot. Wer noch etwas dazu möchte, dem empfehle ich kleine, gut gewürzte Frikadellen; die können auch vegetarisch sein.

Esaus Versuchung

Eine traditionelle Fastenspeise sind Linsen als Brei, als Suppe, als Eintopf. Die Linse ist ein uraltes Nahrungsmittel, das auf jeden Fall schon 3000 v. Chr. bei den Ägyptern bekannt ist und wegen seines Wohlgeschmacks und seiner Nahrhaftigkeit bis heute geschätzt wird. So wundert es nicht, dass auch in der Bibel ein Linsengericht Erwähnung findet. Dort wird in 1. Mose 25,19–33 und auch 27,1–45 erzählt, dass Esau an seinen Bruder Jakob sein Erstgeburtsrecht als Träger des Segens und der Verheißung für ein Linsengericht verkaufte. Zwar wird zu Esaus Entschuldigung gesagt, dass er hungrig vom Feld kam. Aber es muss sich um einen Riesenhunger und um ein köstliches Linsengericht gehandelt haben, wenn er so leicht der Versuchung nachgab, denn er hatte viel zu verlieren. Das mutmaßlich raffinierte Rezept findet sich leider nicht in der Bibel, und so haben Köchinnen jahrhundertelang versucht, ein entsprechendes Rezept zu rekonstruieren. Ich möchte Ihnen ein verführerisches Rezept, das jüdischer Herkunft ist, vorstellen. Es muss langsam köcheln, sodass vor dem Gaumengenuss noch Zeit genug ist, über Jakob und Esau nachzudenken, warum uns Esau sympathisch ist und warum Gott dem hinterhältigen Jakob das Erstgeburtsrecht gab. Man kann auch darüber nachdenken, dass wir kein Erstgeburtsrecht haben. Das Neue Testament bezeichnet Jesus, der dem Vater gehorsam blieb, als den Erstgeborenen. Nur durch ihn sind auch wir Gottes geliebte Kinder, ohne jedes Recht. Darüber kann man gerade in der Passionszeit viel nachdenken und nachlesen. Vergessen Sie aber dabei die köchelnden Linsen nicht. Vielleicht ist der Brei schon fertig! Wenn Sie länger sinnen oder die Geschichte nachlesen wollen: Das Gericht schmeckt auch lauwarm oder kalt gut. Nun aber guten Appetit! Vielleicht werden Sie verstehen, warum Esau der Versuchung nicht widerstehen konnte.

Zutaten für 2 Personen:

- 125 g rote Linsen (im Sieb abbrausen)
- 2 Tassen Wasser
- 1 kleine Knoblauchzehe (zerdrückt)
- etwas Kümmel
- 1 gestrichener TL Kreuzkümmel
- 1 TL gekörnte Brühe
- 1 gestrichener TL Salz
- 1–2 dicke Zwiebeln (grob gehackt)
- 60 g Margarine
- ½ TL Zucker

Zubereitung:

Die Zutaten außer der Zwiebel, der Margarine und dem Zucker zusammen in einem Topf zum Kochen bringen und dann langsam köcheln lassen, bis ein brauner Brei entstanden ist. Wenn nötig, Wasser nachgießen. Die Zwiebeln in die zerlassene Margarine geben, umrühren, Zucker unterrühren, Deckel auflegen und bei niedriger Hitze dünsten, bis sie ganz weich sind. Sie dürfen auch leicht braun werden. Zwiebeln zu dem Linsenbrei geben, umrühren und mit den angegebenen Gewürzen gut nachwürzen. Man kann das Gericht warm und kalt zu Toast, Kräckern oder Fladenbrot essen.

Charoset

An manches Essen erinnert man sich nur mit Grausen. Wenn man daran denkt, vergeht einem noch heute der Appetit: die Steckrüben aus dem Steckrübenwinter, die Pellkartoffeln mit Kümmel in der Kinderlandverschickung oder auch das obligatorische Festessen bei der gestrengen Großmutter. Manches isst man aber, nachdem die Notzeit glücklich überstanden ist, mit einem nostalgischen Gefühl auch wieder gern. Man erinnert sich, wie es damals war, wie schlecht es einem ging, und freut sich heute des Lebens.

Eine solche Speise gehört auch zum jüdischen Passamahl. Bereits der Name „Mörtel" macht deutlich, woran sie erinnert: an die Frondienste des Volkes Israel in Ägypten, als die Israeliten Sklaven des Pharao waren und zu Arbeiten an seinen Bauprojekten gezwungen wurden.

Die Passafeier erinnert an die Zeit der Unterdrückung und an die Befreiung und Rettung durch Gott aus der Hand der Ägypter. Wahrscheinlich war auch das letzte Mahl Jesu mit seinen Jüngern ein Passamahl.

Die Passafeier ist ein fröhliches Fest, bei dem jeder Israelit sich so verstehen soll, als sei er selbst aus Ägypten ausgezogen. Von Gott gerettet und befreit, lässt es sich fröhlich feiern, da schmeckt sogar der Mörtel – Inbegriff der Knochenarbeit von damals – süß und köstlich.

Charoset ist der Mörtel, den die Kinder Israels in Ägypten beim Bau der Pyramiden verwendeten.

Zutaten für 4 Personen:

- 3 Äpfel
- 115 g geriebene Mandeln
- einige gehackte Rosinen
- eventuell einige gehackte Walnüsse oder andere Nüsse
- 1 EL Zucker
- 1 TL Zimt
- etwas Rotwein oder roter Traubensaft

Zubereitung:

Äpfel schälen und reiben, mit den übrigen Zutaten vermischen. Soviel Flüssigkeit zugeben, dass eine saftige, aber noch feste Masse entsteht. Man isst diese Masse meist mit Matzen, von denen man kleinere Stücke abbricht und mit Charoset bestreicht. Wenn man keine in seiner Nähe bekommen kann, geht es auch mit Oblatenscheiben. Die braune, etwas unansehnliche Farbe ist gewollt, sie erinnert an den Mörtel.

Der Gründonnerstag

Die Herkunft des Namens „Gründonnerstag" ist umstritten, vielleicht kommt er von greinen = weinen. Dieser Tag wurde zunächst als letzter Tag der vierzig Tage angesehen. Schon unter Innozenz I. um 400 war er als Tag der Wiederaufnahme der Büßer in die kirchliche Gemeinschaft bekannt, damit sie die *festa paschalia*, die Osterfeiern, mit der Gemeinde feiern konnten. Dieser Brauch wurde bis ins hohe Mittelalter geübt.

Ursprünglich war der Gründonnerstag kein eigener Festtag, sondern Beginn der Feier des Karfreitags mit dem Vorabend. Die wichtigsten Themen des Vorabends von Karfreitag sind: Feier des Abendmahls als Vorwegnahme und Zueignung des Todes Jesu für die vielen, Fußwaschung als Zeichen seiner dienenden und hingebenden Liebe für die Menschen und der Christen untereinander, Ankündigung seines Todes, Verrat, Ölbergleiden und Gefangennahme, Verhör vor dem Hohen Rat und Verleugnung des Petrus.

In der katholischen Tradition finden sich in einem feierlichen Abendgottesdienst diese Elemente wieder. Der Beginn ist mit der Einsetzung des Abendmahls festlich, im weiteren Verlauf des Abends wird des Ölbergleidens und der Gefangennahme in einer nächtlichen Anbetung gedacht. In einigen evangelischen Gegenden ist die Begehung des Gründonnerstags verlorengegangen beziehungsweise wegen der besonderen Bedeutung des Karfreitags in den Hintergrund geraten. Mit der Wiederbelebung der häufigeren Feier des Abendmahls gibt es aber auch neue Versuche für die Gestaltung des Gründonnerstags.

Der Karfreitag

In den ersten Jahrhunderten wurde Karfreitag als Sterbetag Christi nicht gottesdienstlich begangen. Er war aber bereits sehr früh ein Tag der Trauer und des mitleidenden Fastens. Schon Irenäus von Lyon, der bedeutendste Theologe des 2. Jahrhunderts, berichtet von einem Vollfasten, „weil der Bräutigam uns genommen ist" (Matthäus 9,15). Bei der Ausgestaltung dieses Tages spielten Berichte aus der Jerusalemer Gemeinde eine wichtige Rolle. Wie die Pilgerin Ätheria um 400 mitteilt, zog die Jerusalemer Gemeinde vor dem

Hahnenschrei nach Gethsemane, man las die Passionsgeschichte und versammelte sich zur Todesstunde Jesu auf Golgatha. Man war bestrebt, das Geschehen orts- und zeitgerecht nachzugestalten. Das entsprach auch dem Bedürfnis der damals schon zahlreichen Pilger, die die heiligen Stätten aufsuchten und so dem Leben Jesu nachgehen wollten. Dieser Brauch wurde von anderen christlichen Gemeinden nachgeahmt und erhielt durch die Franken ab dem 8. Jahrhundert stärkere dramatische Effekte.

Die legendäre Auffindung des Kreuzes 320 durch Helena, die Mutter des Kaisers Konstantin, stellt den Anfang einer sich immer breiter entwickelnden Kreuzverehrung dar. Die Wiedergewinnung der 614 von den Persern geraubten Kreuzreliquie durch Kaiser Heraklius 629 brachte der Kreuzverehrung neuen Aufschwung.

Die Kreuzverehrung, lateinisch: *adoratio crucis*, ist ein besonderer Teil der katholischen Karfreitagsliturgie. Ab dem 8. Jahrhundert wurde zur Kreuzverehrung Psalm 118 gesungen mit dem Antwortgesang: „Seht das Holz des Kreuzes, an dem das Heil der Welt gehangen." Es entstanden Mysterien- und Passionsspiele.

Die katholische Liturgie besteht heute aus Kreuzverehrung, Passionsbericht nach Johannes, Großen Fürbitten, die teilweise auf altkirchliche Texte zurückgehen, und der Kommunionfeier. In der Reformation ist der Karfreitag halber Feiertag mit Lesen und Predigen der Leidensgeschichte. Später wird er Bußtag, in Preußen zeitweilig Konfirmationstag. Heute ist der Hauptgottesdienst am Vormittag einer der wichtigsten Abendmahlstage. In vielen Gemeinden ist ein Gottesdienst zur Todesstunde Christi üblich.

Der Karsamstag

Als Tag der Grabesruhe Christi war der Karsamstag schon sehr früh Fasttag und im Westen immer liturgielos. Er wurde zum Tag der stillen Trauer. In der orthodoxen Kirche wird der Karsamstag als Tag des Höllenabstiegs Christi und der Erlösung der alttestamentlichen Ahnen und derer, die Christus nicht gekannt hatten (vergleiche das Apostolische Glaubensbekenntnis: „hinabgestiegen in das Reich des Todes"), mit einer besonderen Liturgie beziehungsweise mit einer von Gründonnerstag bis Ostern fortlaufenden Liturgie begangen.

Hot Cross Buns

Was isst man Karfreitag? Das ist eine schwere Frage. Die Antwort hängt davon ab, wie man den Karfreitag versteht. Ist der Karfreitag ein Feiertag oder ein Trauertag? In Deutschland ist er ein arbeitsfreier Tag, und häufig hat man ihn als evangelischen Feiertag bezeichnet, während Katholiken ihn zu einem privaten Arbeitstag vor Ostern machten. Außerdem ist er für sie ein vorgeschriebener Fasttag, als Zeichen der Trauer, der Buße und der inneren Vorbereitung auf das Osterfest.

Luther hat zwar das Fasten als eine nützliche Übung betrachtet, sah aber die Gefahr, dass man das eigene Tun überbewertet und dabei übersieht, dass Gott in Jesus Christus alles für uns getan hat und darum unser Teil nur darin bestehen kann, Gott zu danken und seine Gnade anzunehmen. Luther nennt darum den Karfreitag „guten Freitag". Noch heute heißt er im Englischen „good friday".

Auch was man Karfreitag isst, hat damit zu tun, was jemandem der Karfreitag ist – und das stellt sich eben sehr uneinheitlich dar. Aus der Perspektive der Küche ist das Essen immer ein Zeichen für Leben, Lebensfreude, Lebenswille. Das Fasten drückt die Todverfallenheit des Menschen aus. So fastet der Sünder, der sich von Gott getrennt hat, um zu sagen: „Von Gott, der Quelle des Lebens getrennt, bin ich des Todes." Wer diesen Gedanken für sich in den Mittelpunkt rückt, der fastet Karfreitag. Die Küche bleibt geschlossen.

Für mich ist der Karfreitag eher der gute Freitag, wo man dankbar glauben darf: „Gott hat sich mit uns versöhnt. Wir dürfen leben." Da gibt es also etwas zu feiern. Es ist kein Fest in Saus und Braus, eher ein stilles Fest. Darum schlage ich auch für Karfreitag ein Rezept vor. Es handelt sich um ein Traditionsgebäck aus England: Hot Cross Buns, übersetzt: Heiße Kreuzbrötchen. Vielleicht passt diese Tradition zu Gedanken des Johannesevangeliums, das sagt, dass wir Menschen den Dienst Christi in seiner Menschwerdung und in seinem Tod wie Brot aufnehmen müssen, um das Leben zu haben. Ob dieser Gedanke auch hinter dem Brauch aus der Mark Brandenburg stand, dem Hofhund am Karfreitag ein Butterbrot mit einem eingeschnittenen Kreuz zu geben?

Zutaten für 4 Personen:

- 250 g Mehl
- ½ Päckchen Hefe
- knapp ⅛ l Wasser
- 20 g Zucker
- 1 Ei
- 30 g Butter oder Margarine
- ½ TL Salz und Zimt
- etwas gemahlener Ingwer
- 70 g Korinthen
- 20 g fein gehacktes Zitronat (wer mag)
- Eigelb mit Milch zum Bestreichen

Zubereitung:

Mehl in eine Schüssel geben, Hefe in eine Mulde zerbröckeln, etwas Zucker und das lauwarme Wasser hinzufügen, etwa 20 Minuten gehen lassen. Die übrigen Zutaten hinzufügen und mit einem Knethaken alles gut miteinander verkneten, zum Schluss den Teig noch mit den Händen gut durchkneten. Zugedeckt an einen warmen Ort stellen, bis er sich verdoppelt hat. Danach zu einer Rolle formen und in vier bis sechs Teile schneiden. Die Teile zu Kugeln formen, mit Eiermilch bestreichen und mit einer Schere kreuzförmig leicht einschneiden. Gehen lassen, dann bei 220 Grad etwa 15 Minuten backen.

Das Osterfest

Zur Geschichte

Christen feiern zu Ostern die Auferstehung Jesu Christi und ihre Rettung durch seinen Tod und seine Auferstehung. Das älteste Osterfest ist der Sonntag. Er ist bis heute Gedächtnis des Todes und der Auferstehung Jesu Christi und Feier der Erlösung. Da die ersten Christen sehr bald die Wiederkunft Christi erwarteten, lag das Hauptinteresse der Gemeinden zunächst nicht auf einem jährlichen Gedenken, sondern auf einer wöchentlichen Feier. Wahrscheinlich entwickelte sich aber langsam auch ein besonderes jährliches Gedenken, indem das jüdische Passafest, das an den Auszug aus Ägypten erinnert, gefeiert und mit christlichem Akzent versehen wurde. Es gibt dafür im Neuen Testament keine eindeutigen Belege; aber manche Exegeten glauben einige Hinweise für eine frühchristliche Passafeier entdecken zu können, zum Beispiel in der Verhaftung und Befreiung des Petrus am Fest der Ungesäuerten Brote (Apostelgeschichte 12,1–17).

Vielleicht hat die christliche Passafeier auch in den überlieferten Abendmahlsberichten einen literarischen Niederschlag gefunden. In 1. Korinther 5,7 bezeichnet Paulus Christus als das Passalamm: „... fegt den alten Sauerteig aus, damit ihr ein neuer Teig seid, wie ihr ja wirklich ungesäuert seid. Denn unser Passalamm ist geopfert, das ist Christus. Darum lasst uns das Fest feiern, nicht im alten Sauerteig der Bosheit und Schlechtigkeit, sondern im ungesäuerten Teig der Lauterkeit und Wahrheit." Paulus lässt keinen Zweifel daran, dass das Passafest für die Christen einen neuen Sinn erhalten hat. Das lässt vermuten, dass schon die apostolischen Gemeinden ein christlich geprägtes Passafest begingen, auch wenn die Loslösung von der jüdischen Feier langsam erfolgte.

Genaueres über das Verständnis und die Entwicklung der christlichen Osterfeier weiß man durch den sogenannten Osterfeststreit im 2. Jahrhundert. Im Zentrum war nach den uns erhaltenen Zeugnissen ein mitternächtlicher Gottesdienst. Unklar ist, ob er in der Tradition des jüdischen Passamahls stand. Der Gottesdienst dauerte bis zum frühen Morgen und wurde mit der Feier des Herrenmahls abgeschlossen. Die Feier bestand aus zwei Teilen: aus einer langen gemeinsamen Nachtwache, bestimmt von der Trauer über Leiden und Tod des Herrn mit Lesungen aus dem Alten Testament, vielleicht auch der Leidensgeschichte. Eine besondere Bedeutung kam der Exodusgeschichte vom Auszug aus Ägypten zu, weil ein tiefer Zusammenhang zwischen dem Exodusgeschehen und Tod und Auferstehung Jesu Christi gesehen wurde. Christen gewinnen daran Teil, wenn sie sich in Taufe, Wort und Mahl in sein Sterben und Auferstehen einfügen lassen.

Im zweiten Teil der Feier schlug die Trauer in Freude über die Auferstehung um. Man feierte das Herrenmahl und das Agapemahl in der Freude über die Gegenwart des Auferstandenen.

Wichtig ist, dass Leiden, Tod und Erhöhung Christi als Einheit erfahren und gefeiert wurden. Ostern war nicht einfach das Fest der Auferstehung Jesu, sondern hatte das Geheimnis der Erlösung insgesamt zum Thema. Der Tod Jesu wurde noch nicht isoliert und historisierend dem Karfreitag zugeordnet, sondern bildete mit der Feier der Auferstehung den unteilbaren Inhalt des Osterfestes selbst. Die Auferstehung ist dann nicht die Aufhebung des Karfreitags, nicht einfach dessen göttliche Korrektur, sondern in beidem zeigt sich untrennbar Gottes rettendes Handeln.

Dazu kam ein weiterer Gedanke: Juden erwarteten in der Passanacht das Kommen des Messias, Christen hofften in der Osternacht auf die Wiederkunft ihres Herrn.

Zum Termin

Beim Osterfeststreit zwischen kleinasiatischen und römischen Gemeinden ging es zunächst um den richtigen Ostertermin. Kleinasiatische Gemeinden feierten Ostern immer am 14. Nisan, dem Datum des Passafestes. Sie wurden darum Quartodezimaner genannt, von lateinisch: *quartodecimanus* = zum 14. Tag gehörig. Damit blieben sie näher bei der jüdischen Tradition. Christen feierten ihr zentrales Fest, wenn Juden Passa feierten. Das Datum machte auch einen inhaltlichen Akzent deutlich. Im Mittelpunkt stand der Tod Christi als Heilsereignis. Man feierte ihn als den rettenden Vorübergang des Herrn: So wie Israel in Ägypten von der Tötung der Erstgeburt nicht getroffen wurde, weil der Engel an den Häusern der Israeliten vorüberging, so werden durch Jesus Christus die verschont, die an ihn glauben. Oder man verstand Passa als Übergang oder Durchgang: So wie Israel die Fluten durchquerte, ist Christus durch den Tod ins Leben gedrungen. Damit feierte man in einer Feier Tod und Auferstehung Jesu. Unsere heutige Aufteilung in mehrere Tage entwickelte sich erst später. Wenn wir diese Praxis auf heute übertragen, dann feierten die kleinasiatischen Christen am Karfreitag die rettende Heilstat Gottes in Jesus Christus – und nicht am Ostersonntag.

Die römisch geprägten Gemeinden feierten ebenfalls an einem Tag, aber am Sonntag nach dem 14. Nisan, das heißt am ersten Tag der Woche, dem Auferstehungstag. Dieses Datum zeigt, dass hier der Akzent auf der Auferstehung Christi lag. In der ebenfalls einen nächtlichen Feier wurde des Leidens und Sterbens Christi gedacht und sein Sieg über die Mächte des Todes jubelnd begangen. Dieser Termin bedeutete eine stärkere Absetzung vom jüdischen Brauch.
Das Konzil von Nizäa entschied 325 den Streit endgültig: Ostern wurde seitdem immer am Sonntag nach dem ersten Frühlingsvollmond gefeiert. Damit wurde auch verhindert, dass das Osterfest mit dem Passafest zusammenfiel. Die mit den Juden gemeinsame Orientierung am ersten Frühlingsvollmond führt zu einer Schwankungsbreite des Ostertermins von fünf Wochen. Im Kirchenjahr ergeben sich dadurch die beweglichen Feste.

Die Entfaltung des Osterfestes

Die Alte Kirche feierte Ostern also an einem Tag, und zwar als Feier von Tod und Auferstehung Jesu. Ab dem 4. Jahrhundert setzte sich zunehmend eine historisierende Sicht durch, was an der Ausdifferenzierung des einen Festes in mehrere Tage und unterschiedliche Aspekte deutlich wird. Die eine Feier des Todes und der Auferstehung Christi wurde in die drei heiligen Tage, in ein *triduum sacrum*, auseinandergefaltet. Die Historizität des Leidens Jesu gewinnt große Beachtung, sodass man die in den Evangelien zu findenden Daten übernimmt. Das bezieht sich auf die Stundeneinteilung am Karfreitag und auf die Ereignisse in den Tagen davor. So werden einzelne Ereignisse in einer Woche dargestellt: Einzug in Jerusalem, Salbung in Bethanien, Verrat des Judas, Feier des Abendmahls. Man will jedes Ereignis der Jesusgeschichte in einer Feier darstellen und diese zum Leben des Christen in Beziehung setzen. Es werden Ereignisse im Leben Jesu nachvollzogen; es wird dem Leben und Leiden Jesu nachgegangen. Nachahmende Darstellungsformen aus der Jerusalemer Liturgie gewinnen an Bedeutung und prägen den Charakter der einzelnen Tage. Damit geht aber die eschatologische Dimension, die Verkündigung der geschehenen und eschatologisch erhofften Heilstaten Gottes, langsam verloren. Es zeigt sich eine andere Frömmigkeitsform: Man begeht nicht mehr in einer Feier das ganze Heilsereignis, auf dessen endgültige Erfüllung man hoffend wartet, sondern geht zeitlich und örtlich den Weg Jesu nach. In einem nächsten Schritt wurde die österliche Zeit gestaltet, wiederum mit historisierenden

Tendenzen: Der vierzigste Tag wurde als Tag der Himmelfahrt angesehen, der fünfzigste Tag als Abschluss der siebenwöchigen österlichen Freudenzeit, und Ende des 4. Jahrhunderts stand am fünfzigsten Tag im Mittelpunkt die Ausgießung des Heiligen Geistes. Gleichzeitig entwickelte sich aus dem Brauch, vor Ostern zu fasten, eine vierzigtägige Vorbereitungszeit, während derer sich die Taufbewerber auf die Taufe zu Ostern vorbereiteten.

Zur Bedeutung und zum Verständnis

Der Name für Ostern ist in den romanischen Sprachen von Passa, der jüdischen Festbezeichnung, abgeleitet (italienisch: *Pasqua*); im Russischen heißt das Fest *Woskresenije*, Auferstehung. Im Deutschen und Englischen ist die Bezeichnung Ostern beziehungsweise *easter* eventuell von der Bezeichnung der Osterwoche als *albae*, weiße Woche, daher auch Weißer Sonntag, abzuleiten, die man fälschlicherweise als *alba* = Morgenröte verstand und mit dem althochdeutschen *eostarum* wiedergab.

Das Verständnis des Osterfestes hat sich in den Kirchen des Westens und des Ostens in der theologischen Akzentsetzung etwas unterschiedlich entwickelt. Im Westen ist trotz der Entstehung des Triduums die Sicht der Einheit von Jesu Leiden, Sterben und Auferstehen noch lange Zeit erhalten geblieben. Karfreitag ist die Feier des Sterbens Jesu, aber dabei wird auch seiner Auferstehung gedacht. Ebenso wird Ostern auf das Sterben Jesu als des neutestamentlichen Osterlamms hingewiesen. Jesus ist das Passalamm, das durch seinen Tod alle Opfer ablöst. Von großer Bedeutung ist Augustinus' geistliche Herkunftsbestimmung des Wortes „Pascha" Ende des 4./Anfang des 5. Jahrhunderts. Seine ganze Ostertheologie ist hierin zusammengefasst: Ostern ist Transitus, Hinübergang Jesu aus dieser Welt zum Vater (Johannes 13,1). „Durch das Leiden hindurch ist Christus vom Tod zum Leben hinübergegangen und hat er für uns, die an seine Auferstehung glauben, den Weg bereitet, damit auch wir vom Tod in das Leben hinübergehen können" (Augustinus, Enarrationes in Psalmos 120,6). Leiden, Sterben und Auferstehen sind miteinander verbunden; das ist der Weg, den der geliebte Knecht Jahwes gegangen ist. Ostern ist Zusammenfassung der Heilsgeschichte, in der Gestern, Heute und Morgen miteinander verbunden sind. Kreuz und Auferstehung bewirken das Heil für die Menschen.

Trotzdem ist es so, dass der Ostersonntag der Höhepunkt der festa *paschalia* ist. In der späteren Entwicklung wird der Ostersonntag von den vorherigen Tagen abgetrennt, die dann zur Fastenzeit gehören.

Im Mittelalter kann man eine fortschreitende Desintegration der Feier des Heilsmysteriums feststellen. Es wird unter Details begraben, unter der Suche nach den konkreten historischen Geschehnissen aus dem Leben Jesu. Was nicht in der Schrift zu finden ist, wird durch die fromme Fantasie ergänzt, sodass Peripheres wichtig und bestimmend wird.

Im Osten wird zunächst noch wie früher der Übergang von der Fastenzeit zur Freude der Osterzeit beschrieben, aber schon bei Athanasius, dem berühmtesten alexandrinischen Bischof (295–373), nimmt die Erhöhung des Herrn als des Pantokrators, des Weltherrschers, große Aufmerksamkeit in Anspruch; wahrscheinlich beeinflusst durch den christologischen Streit: Wer ist Jesus Christus – kann man ihn als wahren Gott und wahren Menschen bezeichnen? Der Gottheit Christi bringt man immer mehr Beachtung entgegen und, damit zusammenhängend, der Auferstehung am Ostersonntag, auf die der Karfreitag eine Vorbereitung ist. Leiden und Tod werden etwas in den Hintergrund gedrängt, da beides nach dem philosophischen Vorverständnis mit seiner Gottheit nur schwer zu vereinbaren ist. Das Osterfest feiert die Auferstehung des Gottmenschen und ist die Feier der dadurch bewirkten Vergöttlichung des Menschen. Wahrscheinlich entstand im Osten in derselben Zeit das Fest der Epiphanie: Geburt und Auferstehung Christi sind Momente des „Durchbruchs" Gottes im Menschen.

Ein Beispiel aus der Karsamstagsliturgie der orthodoxen Kirche: „Durch deinen Tod verwandelst du die Sterblichkeit und durch dein Grab die Verwesung. Auf wunderbare Weise machst du unvergänglich und unsterblich, was du angenommen hast. Denn dein Fleisch, Herr, schaute nicht die Verwesung, und deine Seele blieb nicht fremd in der Unterwelt zurück. Du wurdest Adam und bist auf wunderbare Weise in den Schlaf gefallen, der Leben zeugt. Und durch deinen Schlaf hast du das Leben erweckt, Allmächtiger."

Zur Küche

Auch der Osterglaube hat sich in der Küche ausgewirkt. Heil und neues Leben beziehen sich auch auf den Leib. Ostern wurde nicht nur in der Kirche gefeiert, Ostern musste man schmecken!

Unterschiedliche Aspekte von Ostern lassen sich im Brauchtum erkennen: Ostern ist Siegesfeier – Siegeskränze, Blumenkränze, gebackener Osterkranz. Das neu geschenkte Leben wird gefeiert, man trägt neue Kleider, weiße Kleider. In der Küche werden bevorzugt grüne Kräuter, 7 oder 8 verschiedene, und Eier verwendet.

Im Mittelalter hat man das Ei als Symbol der Auferstehung verstanden. Bekannt ist die Deutung des Eis als neues Leben und Fruchtbarkeit. Ebenso wichtig ist seine Betrachtung als Darstellung der Ostergeschichte: Die Schale ist das Grab, das Eiweiß die Tücher und das Eigelb Christus. Wer die Ostereier sucht, vollzieht den Gang der Frauen zum Grab nach. Auch das aufgeschlagene Ei ist Symbol der Auferstehung, des geöffneten Grabes. Darum gilt in vielen katholischen Gegenden das ungeschriebene Gesetz: „Zu Ostern ist jeder christkatholische Mensch verpflichtet, ein Ei zu essen." Zu dieser Vorstellung passt die in Italien zu Ostern übliche herzhafte Spinattorte. Als Festbraten hat ein Lammgericht mit frischen Kräutern Tradition.

Eine besondere Rolle spielt das Ostergebäck: Der Osterkranz oder auch Osterzopf, das Osterlamm, die Brezeln und Kipferln, viele Plätzchen der griechischen Küche sind ursprünglich ein Ostergebäck. Schließlich spielt in der russischen Küche die Paska als eine süße Speise zum Fastenbrechen eine besondere Rolle. Sie besteht aus Frischkäse oder Quark, der für das Fest frisch zubereitet wird. Käse galt schon in der Antike als Kraftspeise für Athleten. Käse und Brot galten als Speise der Unsterblichkeit. So erlebt die Märtyrerin Perpetua im Traum die Paradiesherrlichkeit und empfängt von Christus einen Bissen Käse. Und Augustinus berichtet von einer Sekte in der altchristlichen Kirche, die Brot und Käse als Abendmahlselemente betrachtete. Wie kam es zu dieser Praxis? Käse ist fest gewordene Milch und enthält nach Vorstellung der Kirchenväter die konzentrierte Kraft der Milch. Darum gingen sie auch davon aus, dass Käse und Brot den Weisen aus dem Morgenland als Reiseproviant dienten. Milch ist die erste Speise des Menschen. Darum gab es in der Alten Kirche auch den Brauch, den in der Osternacht Neugetauften nach ihrer Taufe ein Glas mit Milch und Honig als erste Stärkung zu reichen, denn Christus selbst ist für den Menschen wie himmlische Milch. Die Paska der russischen Küche steht in dieser Tradition.

Die besondere österliche Mahlzeit ist das Osterfrühstück. Es hat seine Wurzeln in der Osternachtfeier, die am Morgen, eingedenk des Gangs der Frauen zum Grab, nach der Eucharistiefeier mit einem gemeinsamen Mahl abschloss. Viele Speisen, besonders in der orthodoxen Kirche, sind die erste Nahrung nach strengem Fasten und werden sofort nach dem Gottesdienst, sogar noch auf dem Heimweg, gegessen. Man sollte das Osterfrühstück wieder zu alten Ehren kommen lassen. Es ist das Frühstück des Jahres. Lassen Sie Ihrer kulinarischen Fantasie freien Lauf!

Osterlamm

Rezept für die Lammform

Zutaten:

- 100 g Marzipanrohmasse
- 2 Eier
- 75 g sehr weiche Butter
- 50 g Zucker
- 1 Päckchen Vanillinzucker
- 1 Prise Salz
- 5 Tropfen Bittermandelöl
- 80 g Mehl
- 20 g Speisestärke
- 1 gestrichener TL Backpulver
- Puderzucker für die Verzierung

Zubereitung:

Vor Beginn: Alle Zutaten müssen die gleiche Temperatur haben, darum mindestens 1 Stunde vor Beginn alle Zutaten herauslegen! Backofen auf 180 Grad einschalten. Die Lammform mit Butter oder Margarine sorgfältig ausfetten.

Aus den Zutaten einen Rührteig herstellen: Marzipanrohmasse und Eier sorgfältig zu einer schaumigen Masse verrühren, dann Fett, Zucker, Vanillinzucker, Bittermandelöl unterrühren und so lange weiterrühren, bis sich der Zucker aufgelöst hat.

Mehl, Speisestärke und Backpulver vermischen. Diese Mischung unter die Eiermasse rühren.

Lammform nochmals nachfetten und den Teig einfüllen. Bei 175 Grad 40 bis 45 Minuten backen.

Wer mag, kann das fertige Lamm zum Beispiel mit Puderzucker verzieren.

Griechischer Osterkranz

Zutaten:

- 500 g Mehl
- 30 g Hefe
- 3 EL Zucker
- 1/8 l lauwarme Milch
- 50 g weiche Butter
- 2 Eier
- 1 Messerspitze Salz
- 2 EL Ouzo
- 1 abgeriebene Orangenschale

Dekoration

- 4 EL Sesam
- 1 Eigelb
- 1 EL Milch
- 4 rot gefärbte Eier

Zubereitung:

Das Mehl in eine Schüssel geben, in die Mitte eine Mulde drücken. Die Hefe in die Vertiefung bröckeln, 1 Esslöffel Zucker und die Milch hinzugeben und leicht in der Mulde verrühren. Zugedeckt mindestens 20 Minuten gehen lassen.

Restlichen Zucker, weiche Butter, Eier, Salz, Ouzo und Orangenschale dazugeben, alles so lange schlagen, bis sich der Teig vom Schüsselrand löst und Blasen wirft. Den Teig an einem warmen Platz zugedeckt mindestens 45 Minuten gehen lassen.

Arbeitsfläche mit Mehl bestäuben, aus dem Teig drei gleich lange Rollen formen, diese zu einem Zopf flechten und zu einem Kranz zusammenlegen. Auf das gefettete Bachblech legen, 30 Minuten gehen lassen.

Eierschalen als Platzhalter für vier Eier in den Teig drücken. Eigelb und Milch verquirlen und Sesamsamen über den Kranz verteilen. Bei 200 Grad etwa 25 Minuten backen lassen, danach die Eierschalen entfernen und die roten Ostereier in die Mulden setzen.

Paska

In der russisch-orthodoxen Kirche gehört die Paska unbedingt zum Osterfest. Sie wird zur Ostermesse mitgenommen und dort gesegnet. Nach der Messe isst man noch auf dem Heimweg ein Stück davon, um das Fasten zu brechen und die Osterfreude auch für Zunge und Gaumen beginnen zu lassen. Die Speise wird gekrönt mit den kyrillischen Buchstaben X B (= *Christos Woskresse* – Christus ist auferstanden).

Die Zubereitung sollte man spätestens am Karsamstag beginnen, damit die Paska auch, wie es die russische Tradition gebietet, zum Osterfrühstück gegessen werden kann. Es gibt viele verschiedene Rezepte für die Paska. Ich stelle Ihnen eines mit einer einfachen Zubereitung vor.

Zutaten:

- 1000 g Quark
- 200 g Butter
- 150 ml sauren Rahm (Schmand)
- 6 Eier
- 250 g Zucker
- 1 Päckchen echte Vanille
- 30 g gehackte Mandeln
- 60 g gehackte kandierte Früchte

Zubereitung:

Alle Zutaten im Topf unter dauerndem Rühren leicht erhitzen, auf keinen Fall kochen! Wenn die Masse anfängt zu dampfen, vom Herd nehmen, kandierte Früchte zugeben. Ein grobes Sieb mit einem Küchentuch auslegen und auf eine Schüssel stellen. Die Masse hineingießen. Das Tuch über der Masse zusammenlegen und beschweren. 24 Stunden kalt stellen. In dieser Zeit wird die Paska fest. Vorsichtig auf eine Platte stürzen und mit kandierten Früchten X B darauf schreiben. Wer besondere künstlerische Fähigkeiten hat, kann noch einen Engel hinzufügen und den unteren Rand mit kandierten Früchten schmücken. Zu dieser Osterspeise isst man einen pilzförmigen Hefekuchen.

Kulitsch: russischer Osterkuchen zur Paska

Zutaten:

für den Teig

- 300 g Mehl
- 25 g Hefe
- 1/8 l Milch
- 1 TL Zucker
- 50 g Sultaninen
- 50 g halbierte Mandeln
- 30 g Orangeat
- 30 g Zitronat
- 75 g kandierte Kirschen
- 60 ml Rum
- 100 g Puderzucker
- 1 Ei
- 1 Eigelb
- abgeriebene Schale je einer halben Zitrone und Orange
- 1 Päckchen echte Vanille
- etwas Bittermandelaroma
- 75 g zerlassene Butter

für den Guss

- 100 g Puderzucker
- 2 EL Zitronensaft
- kandierte Kirschen

Zubereitung:

Mehl in eine Schüssel geben, Hefe in eine Mulde bröckeln, lauwarme Milch zugeben und etwas mit dem Mehl verrühren und an einem warmen Ort mindestens 15 Minuten gehen lassen. Sultaninen, Mandeln, Orangeat, Zitronat, kandierte Kirschen mit dem Rum einweichen. Die restlichen Zutaten zum Vorteig geben und alles zu einem glatten Teig kneten, den Teig ausgiebig durchkneten, dann etwa 30 Minuten an einem warmen Ort gehen lassen, die eingelegten Früchte hinzugeben und unterkneten. Nun entweder einen Brotlaib formen oder in eine gut gefettete, etwa 15 Zentimeter hohe runde Form mit einem Durchmesser von etwa 12 Zentimeter füllen (sehr gut gefettete Konservendose ist möglich, sollte aber besser mit Backpapier ausgekleidet werden), sodass beim Backen eine Pilzform entsteht. Bei 200 Grad im vorgeheizten Ofen auf der unteren Schiene etwa 60 Minuten backen. Wenn der Kuchen etwas abgekühlt ist, vorsichtig aus der Form nehmen. Für den Guss Puderzucker und Zitronensaft verrühren und über die Haube gießen. Mit den kandierten Kirschen die Buchstaben X B legen. Der Kuchen kann serviert werden, indem man die Haube abschneidet und den Stamm in Scheiben geschnitten um die Haube legt. Dazu isst man die Paska.

Pikante Ostertorte aus Italien

Diese Torte ist eine angenehme Alternative zu dem vielen traditionell süßen Gebäck und ist trotzdem von den Zutaten her ganz österlich. Sie eignet sich als leichtes Mittagessen oder als Abendimbiss. Anfängerinnen der hohen Backkunst sollten für dieses Rezept etwas mehr Zeit einplanen; abschrecken lassen muss man sich aber nicht!

Zutaten:

für den Teig

- 500 g Mehl
- 160 g Butter
- knapp 1/4 l Wasser
- 1 EL Weinessig
- 1 TL Salz

! Als Ersatz für diesen Teig sind auch etwa 800 g gefrorener Blätterteig möglich

für die Füllung

- 500 g Spinat frisch oder gehackter Blattspinat gefroren
- 1 Zwiebel
- 2 EL Öl
- Salz
- 100 ml Milch
- 1 trockenes Brötchen
- weißer Pfeffer
- geriebene Muskatnuss
- 250 g Quark oder Ricotta
- 2 Eier
- 1/8 l saure Sahne
- 50 g Butter
- 6 Eier
- 30 g geriebener Parmesankäse
- Öl

Zubereitung:

Für den Teig Mehl, das weiche Fett, Wasser, Essig und Salz zu einem geschmeidigen Teig kneten (mit dem Knethaken, wenn Sie haben). Teig halbieren und beide Teighälften zugedeckt mindestens 30 Minuten kalt stellen. Für die Füllung Spinat putzen, waschen und abtropfen lassen oder gefrorenen Spinat nehmen. Im heißen Öl die gewürfelte Zwiebel glasig werden lassen, den Spinat dazugeben und 5 Minuten im eigenen Saft dünsten oder den gefrorenen Spinat nach Packungsanweisung zubereiten. Das Brötchen in Würfel schneiden und mit der warmen Milch einweichen. Den Spinat in einem Sieb abtropfen lassen, klein hacken. Mit Salz, Pfeffer und Muskat pikant abschmecken, abkühlen lassen. Quark, Sahne und Eier und ausgedrücktes Brötchen verrühren und mit Salz würzen. Die Butter schmelzen und abkühlen lassen.

Auf einer bemehlten Arbeitsplatte eine Teighälfte zu einer runden Platte mit 32 Zentimeter Durchmesser ausrollen. Eine Springform von 26 Zentimeter Durchmesser fetten und mit dem Teig auskleiden, Rand andrücken. Teig mehrmals mit einer Gabel einstechen und mit Butter bestreichen. Spinat darauf verteilen. Darüber die Quarkmasse geben. Im Kreis sechs Vertiefungen mit einem Löffel eindrücken und etwas Butter hineingeben. In jede Vertiefung ein aufgeschlagenes Ei gleiten lassen und es mit Parmesan bestreuen.

Die zweite Teighälfte in sechs gleiche Portionen teilen und jedes Teigstück hauchdünn auf einen Durchmesser von 26 Zentimeter ausrollen (hilfreich ist das Ausrollen auf einer bemehlten Plastikfolie). Übereinander auf die Füllung legen und dabei jede Platte mit etwas zerlassener Butter bestreichen. Im vorgeheizten Ofen bei 220 Grad auf der mittleren Schiene etwa 50 Minuten backen. Die Torte auf eine vorgewärmte Platte gleiten lassen, in Stücke schneiden und noch warm servieren. Etwas aufwändig ist sie schon, diese Osterspezialität aus Genua, die eigentlich nicht weniger als 33 Schichten haben soll, als Symbol für die vollendeten Lebensjahre Jesu.

Colomba di Pasqua

Die Taube ist Zeichen des Heiligen Geistes und Zeichen der Auferstehung Christi, weil die Auferstehung als geistgewirktes Geschehen verstanden wird. In ganz Italien wird die Colomba di Pasqua zur Osterzeit gebacken.

Zutaten:

- 180 g Mehl
- 20 g Hefe
- 1 TL Zucker
- knapp 1/8 l lauwarme Milch
- 50 g Butter
- 20 g Zucker
- 2 Eigelb
- 1 Prise Salz
- 40 g fein geschnittenes Orangeat
- etwas abgeriebene Zitronenschale

für den Zuckersirup

- 1 EL Wasser
- 1 EL Zucker

für die Dekoration

- 1 EL Zucker
- 20 g Puderzucker
- 20 g geschälte, halbierte Mandeln

Zubereitung:

Mehl in eine Schüssel geben, Hefe hineinbröckeln, mit Zucker und lauwarmer Milch verrühren, Butter schmelzen lassen. Zucker, Eier und Salz verquirlen. Vorteig mit Mehl verkneten, das Fett und die Eiermasse unterrühren und alles durchkneten. Zitronat und Zitronenschale unterkneten. 30 Minuten an einem warmen Ort gehen lassen. Zwischendurch den Teig zweimal durchkneten. Für den Zuckersirup Zucker und Wasser aufkochen und erkalten lassen. Den Teig zu einer Rolle formen und in zwei Stücke von 20 und 25 Zentimeter teilen, über Kreuz legen und flachdrücken, sodass eine Taubenform entsteht. 30 Minuten gehen lassen, mit Zuckersirup bestreichen und mit Zucker und Puderzucker bestäuben. Die Mandelhälften als Gefieder auflegen und an einem Ende der kürzeren Rolle zwei Rosinen als Augen eindrücken. Die Taube auf ein gefettetes Blech legen, um die Taube einen gefetteten Alustreifen legen. Kurz gehen lassen, das Blech auf der untersten Schiene bei 180 Grad etwa 40 Minuten backen.

Die Osternachtfeier

Zur Geschichte

Die eigentliche Osterfeier ist in der Tradition die Osternachtfeier. Die Anfänge sind von der einen Festfeier aus Vigil mit starker Parusieerwartung, der Erwartung der Wiederkunft Christi, und von der Feier des Todes und der Auferstehung Christi bestimmt. Es ist die eine, alles umgreifende Erlösungsfeier.

Schon im 2. Jahrhundert wird die Osternacht zur Taufnacht. Als das Leidensgedächtnis ab dem 4./5. Jahrhundert auf einen eigenen Tag, den Karfreitag, abzuwandern beginnt und sich dementsprechend der abendländische Ostersonntag zum Auferstehungstag mit eigener Feier bildet, verliert das alte Fest seine ursprüngliche Absolutheit. Die Aufteilung in zwei Daten führte zu einer Verselbstständigung der Osterfeier als reine, manchmal sehr triumphalistische Siegesfeier, die den Tod ausblendet, und zu einer Karfreitagsfeier, in der die düstere Totenklage das versöhnende Handeln Gottes im Kreuz Jesu völlig zudeckt. Aus der Geschichte des Kirchenjahres kann man lernen, dass nur Karfreitag und Ostern zusammen das christliche Fest der Erlösung sind.

Teile der Osternachtfeier

Der Gottesdienst beginnt mit einer Lichtfeier. Christus ist das Licht der Welt, er hat die Dunkelheit besiegt. Das Anzünden des Lichtes gehört zum Zeremoniell abendlicher Zusammenkünfte in der frühen Christenheit, den Luzinarien. Wahrscheinlich ist es auch eine Anknüpfung an jüdisches Brauchtum. Die Entzündung einer besonderen Osterkerze ist erstmals 384 in Piaczenza bekannt und bis zum 7. Jahrhundert weit vorgedrungen. In dieser Zeit entsteht auch der Brauch, in die Kerze A und Ω, Alpha und Omega, erster und letzter Buchstabe des griechischen Alphabets, und die entsprechende Jahreszahl einzuritzen. Christus wird als Anfang und Ende bezeichnet, dem Zeit und Ewigkeit gehören. Lange Zeit begann das neue Jahr zu Ostern, und die Jahreszahl auf der Osterkerze zeigte das neue Jahr an. Es gibt auch den Brauch, fünf Weihrauchkörner in die Kerze zu drücken mit den Worten: „Christus gestern und heute, Anfang und Ende, Alpha und Omega, Sein ist die Zeit und die Ewigkeit, Sein ist die Macht und die Herrlichkeit." Es folgt eine Prozession in die Kirche mit dem Ruf: „Christus, Licht der Welt!" An dieser Kerze werden die Kerzen der Gläubigen entzündet. Die Weihe des Osterfeuers wird seit dem Hochmittelalter üblich. Es folgt der feierliche österliche Lobgesang „Exsultet". Der Text geht auf das 3. bis 4. Jahrhundert zurück und enthält Motive aus den Werken des Mailänder Kirchenlehrers Ambrosius. Es folgen die Lesungen, die die Heilsgeschichte nachzeichnen: Schöpfung, Abraham, Exodus, Bundesschluss, Propheten, Römerbrief, Osterevangelium. Ursprünglich waren es zwölf Lesungen, die mit dem feierlichen Osterhalleluja abgeschlossen wurden. Auf die Lesungen folgten Taufe und Eucharistiefeier. Diese Form hat sich in der katholischen Tradition weitgehend erhalten. In den verschiedenen evangelischen Kirchen bemüht man sich seit einiger Zeit, die altkirchliche Osterfeier wiederzubeleben. Besonders die Michaelsbruderschaft hat sich dessen angenommen. Bis heute steht im Mittelpunkt evangelischer Osterfeiern der Hauptgottesdienst am Vormittag. In manchen Gemeinden existiert auch der Brauch, einen Frühgottesdienst auf dem Friedhof zu halten.

Grabkuppeln

Die Grabeskirche in Jerusalem ist seit Jahrhunderten Ziel christlicher Pilgerschaft ins Heilige Land. Nach den Evangelien wurde am Grab den Frauen verkündet: „Ihr sucht Jesus von Nazareth, den Gekreuzigten, er ist auferstanden, er ist nicht hier!“ Nach dem Markusevangelium fanden die Frauen den Stein, von dem sie nicht wussten, wie sie ihn wegschaffen sollten, vor dem Grab schon weggewälzt. Statt einer Begegnung mit dem Tode empfangen sie eine überwältigende, himmlische Botschaft.

Wer heute die Grabeskirche betritt, taucht ein in eine uns Europäer verwirrende religiöse Welt: Gottesdienste verschiedenster Riten in Kapellen, Nischen an diversen heiligen Stätten. Jede Etappe der Leidensgeschichte hat hier irgendwo ihren Ort gefunden. Aber alles ist verbaut, umbaut, kein Ort ist mehr original, Romantik kann gar nicht erst aufkommen. Menschenmassen aus aller Welt drängeln sich durch die Gänge, während andere ergriffen heilige Stätten verehren. Wie kommt der verwirrte oder auch schockierte europäische Pilger wieder ins Lot?

Mein Vorschlag: Man versuche es mit der Botschaft selbst. Auf den Punkt gebracht haben diese Botschaft palästinensische Christen mit ihrem traditionellen Ostergebäck, das die Kuppel der Grabeskirche darstellen soll. Wie die Frauen am Grab vom Gott des Lebens überrascht wurden, so ist die Füllung dieses Gebäcks eine süße Überraschung. Darum ist die Füllung das Wichtigste: süß, würzig, duftend. Wenn Sie zu Ostern in Jerusalem oder am Fernsehen also etwas Halt suchen: Versuchen Sie dieses Gebäck – und Sie werden sagen: Auf die Füllung kommt es an!

Zutaten:

- 100 g Butter
- 250 g Hartweizengrieß
- 1 Prise Salz

- 5–6 EL Wasser
- ½ Päckchen Trockenhefe
- 1 Prise Zucker
- 1 Eigelb zum Bestreichen

für die Füllung

- 125 g Marzipan
- 1 Ei
- 1 EL Puderzucker
- je 1 EL Zitronat und Orangeat
- 1 Handvoll Rosinen
- ein paar klein gehackte Walnüsse
- geriebene Muskatnuss
- Ingwer
- geriebene Nelke
- Zimt
- 1 TL Zitronensaft
- als Backhilfe einige kleine, runde Oblaten

Achtung! *Dies ist ein echt orientalisches Rezept. Damit meine ich: Die Zubereitung braucht ihre Zeit (der Teig sollte über Nacht ruhen) und das Formen des Gebäcks hat seine jahrhundertelange Familientradition. Wenn Sie kein Perfektionist sind und beim ersten Versuch auch mit rissigen Grabkuppeln leben können, sollten Sie das Rezept einfach versuchen, es schmeckt wirklich ganz köstlich nach orientalischer Süßigkeit. Die Füllung ist variabel, Sie können auch zum Marzipan beispielsweise Datteln und Pinienkerne nehmen.*

Zubereitung:

Am Vortag den Teig zubereiten. Butter nicht zu heiß schmelzen lassen, Grieß hineinrühren, den Teig abdecken und über Nacht quellen lassen. Für die Füllung Marzipan mit dem Ei, dem Orangeat, Zitronat und den Rosinen mit dem Pürierstab klein hacken und mischen. Die gehackten Walnüsse und die Gewürze hinzufügen und damit gut abschmecken. Wenn Sie mögen, können Sie auch weitere Gewürze hinzufügen.

Weiterverarbeitung des Teigs: Die Hefe in dem Wasser mit der Prise Zucker auflösen und unter den Grieß kneten. Gut 20 Minuten zugedeckt gehen lassen. Dann zusammenkneten und zu einer Rolle formen und in zwölf Stücke teilen. Nun müssen die Grabkuppeln geformt und gefüllt werden. Da der Teig sehr bröselig ist, versuchen Sie es so: ein Stück zu einer Kugel formen und in die gewölbte Hand legen. In die Kugel ein Loch drücken und so formen, dass in der Hand eine hohle Kuppel entsteht. In diesen Hohlraum etwas von der Füllung geben, mit einer Oblate abdecken und mit der Oblate nach unten auf ein Backblech setzen. (Mit der oben genannten Übung drückt man das Gebäck ohne Oblate über der Füllung zusammen und hat in der Hand eine wohlgerundete Grabkuppel.) Falls Sie nicht alles von der Füllung unterbringen konnten, können Sie den Rest auf Oblaten setzen und mitbacken.

Das Eigelb mit etwas Milch verrühren und über das Gebäck streichen, etwa 15 Minuten gehen lassen, dann bei 200 Grad in der Mitte des Ofens etwa 20 Minuten backen. Abgekühlt mit Puderzucker bestäuben.

Osterkranz oder We are the Champions

Wenn unsere Mannschaft gewinnt, haben wir gewonnen, selbst wenn wir nur gemütlich im Sessel vor dem Fernseher saßen. Und natürlich wird unser Sieg gefeiert. Manche finden das schon ein bisschen komisch, denn: Was haben wir dazu getan, und was haben wir eigentlich davon?

Auch Ostern ist seit ältester Tradition Siegesfeier. Christus ist Sieger über den Tod, die Mächte des Bösen. Schon älteste Osterdarstellungen zeigen den Auferstandenen als einen Kämpfer, der siegreich mit der Siegesfahne in der Hand von einem großen Kampf heimkehrt. Die Herrschaft des Bösen, die uns von Gott trennt, ist gebrochen, die entgegenkommende Liebe Gottes hat den Sieg errungen. Die Botschaft lautet: Wir haben alle etwas davon, wir haben nichts dafür getan, aber wir sind Empfänger des Siegespreises.

An diesen Sieg erinnert der Osterkranz, der ein gebackener Siegeskranz ist. Und weil uns der Sieg zukommt, sollten wir ihn uns schmecken lassen. In der Küche wird darum mit guten Zutaten nicht gespart. Das folgende Rezept bietet einen Kranz aus der Luxuskategorie. Was ist dagegen schon ein Lorbeerkranz?

Zutaten:

- 750 g Mehl
- 175 g Zucker
- 2 Päckchen Trockenhefe
- 1 Prise Salz
- 200 g Butter
- 175 ml Milch
- 1/8 l saure Sahne
- 2 Eier
- 300 g Rosinen
- 100 g Korinthen
- 100 g Mandelstifte
- Eiermilch zum Bestreichen

Zubereitung:

Mehl in eine Schüssel geben, Salz zugeben. Hefe in eine Mulde geben, etwas mit dem Mehl vermischen, lauwarme Milch und saure Sahne einrühren. Butter leicht schmelzen lassen, mit dem Zucker und den Eiern in die Schüssel geben. Alles zusammen mit dem Knethaken zu einem Teig verarbeiten. Etwa 30 Minuten gehen lassen. Rosinen, Korinthen und Mandelstifte unter den Teig kneten. Den Teig halbieren und zu zwei etwa 50 Zentimeter langen Strängen rollen. Mit einem Tuch bedecken und etwa 15 Minuten gehen lassen. Die beiden Stränge zu einem Kranz drehen und auf ein mit eingefettetem Backpapier ausgelegtes Blech legen. Nochmals etwa 15 Minuten gehen lassen, mit Eiermilch einpinseln. Auf der zweiten Einschubleiste von unten im vorgeheizten Ofen 30 bis 40 Minuten bei 200 Grad backen.

Tomatenpfanne

Wieso hat man eigentlich jemanden zum Fressen gern? Wohl, weil man nicht genug von ihm oder ihr kriegen kann. Man will nur an sie denken, nur von ihm träumen, sie sehen, schmecken, fühlen ... Kann man auch sagen: „Ich habe Ostern zum Fressen gern?" Kann man so sinnlich vom Glauben reden? Natürlich kann ich ihn auch frömmer oder wissenschaftlicher ausdrücken: Es ist das Fest eines neuen Anfangs Gottes mit uns. Und das Ende wird im Reich Gottes wie ein großes Hochzeitsfest für alle Völker sein. Aber warum sollte ich so nüchtern reden? Die Osterbotschaft ist etwas für den ganzen Menschen: für Kopf, Herz und Bauch oder Zunge. Ich schlage als Osterbotschaft aus der Küche ein Gericht mit vielen Kräutern und Eiern vor. Die Kräuter können an das neu geschenkte Leben erinnern. Das aufgeschlagene Ei – geöffnetes Grab – wurde schon im Mittelalter als Symbol für die Auferstehung betrachtet. Sie können jetzt darüber nachdenken oder richtig „reinhauen". Beides ist gesund!

Zutaten für 2 Personen:

- 1 Zwiebel oder Lauchzwiebel
- etwas Knoblauch
  (bis zu 1 Zehe nach Geschmack)
- 2 EL Olivenöl (anderes geht auch)
- 1 Dose geschälte Tomaten
- 1 Lorbeerblatt
- Salz, Zucker, Cayennepfeffer
- frische italienische Kräuter
  oder 1 TL italienische Kräuter, getrocknet
  kleingeschnittene grüne und schwarze Oliven
  (wer mag)
- 2 Eier

Zubereitung:

Zwiebeln kleinschneiden, Knoblauch fein hacken. Öl in einer größeren Pfanne mäßig erhitzen, Zwiebeln und Knoblauch darin glasig dünsten. Tomaten dazugeben und etwas zerkleinern, Lorbeerblatt zugeben, Tomaten aufkochen und dann ohne Deckel etwa 20 Minuten köcheln lassen. Mit Salz, Zucker und Cayennepfeffer kräftig würzen, Kräuter und eventuell die Oliven unterrühren. Zwei Mulden in die Masse drücken und die aufgeschlagenen Eier hineingeben. Deckel auflegen und etwa 10 Minuten stocken lassen. Was passt dazu? Frisches Brot oder Gnocchi oder kleine Grießknödel.

Die Osterzeit

Die Zeit nach Ostern, die Pentekoste (griechisch: fünfzig), soll sieben Wochen lang oder fünfzig Tage wie ein einziges großes Fest gefeiert werden. Das Vorbild dafür liefert der jüdische Festkalender, nach dem fünfzig Tage nach dem Fest der Ungesäuerten Brote das Wochenfest gefeiert wird. Nach Apostelgeschichte 2,1 ff geschah an diesem Tag die Ausgießung des Heiligen Geistes.
Die Feier der Pentekoste ist schon im 2. Jahrhundert bekannt. Sie ist geprägt durch festliche Formen wie das Singen des Hallelujas, durch das Verbot des Fastens, weil die Erlösten nicht trauern und büßen müssen, durch das Verbot des Kniens, weil die in Christus Erlösten nicht mehr Knechte, sondern Freie sind.
Wie die Woche vor Ostern eine besondere Prägung erhielt, so auch die Woche nach Ostern. Sie wurde auch „Weiße Woche" genannt, in der die Neugetauften weiße Gewänder trugen, die sie am „Weißen Sonntag", dem Sonntag Quasimodogeniti, ablegten. Seit dem 18. Jahrhundert ist er in der katholischen Kirche der Tag der Erstkommunion, in der evangelischen Kirche ist er wegen des Bezugs zur Taufe auch Konfirmationstag.

Der fünfzigste Tag war der Abschluss dieser festlichen Zeit, in der der Auferstehung, Himmelfahrt und Geistsendung gedacht wurde und in der man auf die baldige Wiederkunft des Herrn hoffte. Im Laufe des 4. Jahrhunderts wird die Osterzeit unterbrochen durch die Feier des vierzigsten Tages, der Feier der Himmelfahrt nach lukanischer Tradition, und der fünfzigste Tag, Pfingsten, bekommt den Hauptakzent der Feier der Geistsendung. Themen der ursprünglich einen Osterfeier der fünfzig Tage werden nun auf verschiedene Daten verteilt. Angaben dazu finden sich zum Beispiel bei den Kirchenvätern Gregor von Nyssa, Johannes Chrysostomus und bei Augustinus.

Petersiliensalat

Was ist ein Greenhorn? Karl May erklärt es uns in Winnetou I ausführlich. Kurz kann man sagen: einer, der im Wilden Westen keine Ahnung hat. Also ein Zustand, den man zum eigenen Überleben schnellstens verlassen sollte. Die christliche Botschaft sagt dagegen, dass wir nicht den großen Helden markieren müssen. Das Mittelalter hat Jesus Christus, den Auferstandenen, als den einzigen Helden betrachtet. Dieser eine Held reicht aus, und wir können leben mit der Überlegenheit des Genusses, ein Greenhorn zu sein.
Häufig fällt die Osterzeit in den Mai. Aus der Sicht der Kirchenküche ist das ein vorzügliches Zusammentreffen. Was passt in dieser Zeit besser auf den Tisch als viel grünes Kraut? Ich schlage für ewige Greenhorns einen Petersiliensalat aus Palästina vor.

Zutaten für 2 Personen:

- 1 Knoblauchzehe
- 1 Becher Sahnejoghurt
- 2 EL Zitronensaft
- 3 Bund Petersilie, am besten glatte
- 2 EL Sesamkörner
- Salz
- 1 Pfefferschote

Zubereitung:

Die Hälfte der Petersilie mit Joghurt und Zitronensaft pürieren, die Knoblauchzehe durchdrücken und mit Salz und kleingehackter Pfefferschote hinzufügen. Die Sesamkörner im Mixer oder mit dem Pürierstab so fein wie möglich zu einer Paste verarbeiten und unter die Joghurtmasse rühren. Die restliche Petersilie fein hacken und unterheben. Mit Zitrone und Salz abschmecken und vor dem Servieren im Kühlschrank fest werden lassen. Dazu passen andere Salate und Brot.

St. Petersfisch

Rabbi Blue hebt das Frühstück am See Tiberias (Genezareth), bei dem der auferstandene Christus seinen Jüngern gebratenen Fisch anbietet, als seine Lieblingsgeschichte hervor. Eine spätere Legende weiß genau, um welchen Fisch es sich dabei gehandelt hat, wonach man ihn bis heute identifizieren kann.

Diese Legende erzählt, dass Petrus vor Schreck über die Erscheinung des Auferstandenen einige der auf dem Feuer brutzelnden Fische ins Meer warf. Und natürlich geschieht angesichts des Auferstandenen das Wunder: Die Fische schwimmen wieder munter im Wasser umher – und bis heute sind sie daran zu erkennen, dass ihr Schuppenkleid das Muster des Grillrostes zeigt. Andere meinen, den Daumenabdruck des Petrus auf den Schuppen entdecken zu können.

Eine weitere Legende dagegen behauptet, der St. Petersfisch sei der Fisch gewesen, in dessen Maul Petrus auf Geheiß Jesu eine Münze zur Entrichtung der Tempelsteuer gefunden habe. Dieser Fisch hat den Namen St. Petersfisch. Wer ihn kauft, sollte nachsehen, ob sich in ihm ein Geldstück verbirgt. Wegen der großen Nachfrage wird er heute auch gezüchtet, und wer nach Israel und insbesondere an den See Genezareth reist, bekommt ihn garantiert auf der Speisekarte angeboten. Es gibt viele leckere Zubereitungsarten, aber dort wird er traditionsgemäß gegrillt.

Auf einem Flug nach Israel las ich eine jüdische Variante der Geschichte. Nach der Fluggesellschaft Arkia sei Petrus zu den Ufern von Tiberias zurückgekehrt. Dort habe er seinen alten Beruf als Fischer wieder aufgenommen. Als er damit begann, Fische aus dem Netz zu entfernen, schrie einer der Fische vor Schmerz laut auf. Petrus sei vom Schmerz des Tieres so betroffen gewesen, dass er ihn unverzüglich ins Meer zurückwarf. Der Fisch trage seinen Namen bis auf den heutigen Tag aufgrund des Mitgefühls des Petrus.

Abgesehen von den zahlreichen Legenden um den St. Petersfisch, passt ein Fischgericht gut in die Osterzeit. Zwar war der Fisch traditionell eine Fastenspeise, aber er ist seit den Anfängen des Christentums auch Symbol für Jesus Christus. Die Buchstaben des griechischen Wortes für Fisch, „*ichtys*“, bilden je den Anfang eines griechischen Wortes, das den Glauben an Jesus Christus ausdrückt: *Jesous Christos Theou Yios Soter* (Jesus Christus Sohn Gottes Retter). In Zeiten der Verfolgung galt das Zeichen des Fisches als Geheimzeichen unter Christen.

Zutaten für 1 Person:

- 1 St. Petersfisch
- Zitronensaft
- Salz
- Pfeffer
- gemischte Kräuter
- etwas Butter
- Knoblauch (wenn man mag)

Zubereitung:

Den ausgenommenen Fisch waschen, etwas trockentupfen und innen und außen mit etwas Zitronensaft beträufeln, pfeffern, salzen. Die Bauchhöhle mit den frischen Kräutern, etwas Knoblauch und einem Stückchen Butter füllen und auf jeder Seite etwa 7 bis 8 Minuten grillen. Falls Sie keine Fischzange für den Grill haben, müssen Sie den Fisch gut einölen, weil er leicht an dem Rost haften bleibt. Sie können ihn auch auf Alufolie legen. Wer keinen Grill besitzt, kann den Fisch auch im Backofen bei 200 Grad auf der mittleren Schiene etwa 15 bis 20 Minuten garen.

Muttertag

Eine Wurzel des Muttertags geht bis in den Osterfestkreis zurück. Allgemein bekannt ist die Erfindung des Muttertags 1907 durch Anna Marie Jarvis aus Philadelphia, USA. Sie ließ aus Anlass des Todestages ihrer Mutter am 2. Sonntag im Mai jährlich für alle Mütter eine Andacht abhalten. Sie startete eine große Initiative, um einen offiziellen Muttertag einzuführen, und schrieb dazu an Politiker, Kirchenvertreter, Geschäftsinhaber. 1909 wurde der Tag schon in 45 Staaten der USA gefeiert. 1912 führten ihn die Methodisten in West Virginia ein. 1914 wurde er in den USA zum ersten Mal als nationaler Feiertag gehalten. Der Muttertag hat eine Erfolgsgeschichte, aber durchaus mit zwiespältigem Ergebnis. Angesichts der wachsenden Kommerzialisierung wandte sich die Begründerin vom Muttertag ab und kämpfte erfolglos für dessen Abschaffung.

In Deutschland bekam der Muttertag einen unangenehmen nationalsozialistischen Beigeschmack als Gedenk- und Ehrentag der deutschen Mütter. Viele betrachten darum die erneute Propagierung des Muttertags bis heute mit gemischten Gefühlen. In der DDR wurde der Muttertag nicht gefeiert, stattdessen wurde der Internationale Frauentag begangen und der westliche Muttertag als reaktionär abgelehnt.

Dieser weltlich gewordene Muttertag hat einen religiösen, im Kirchenjahr verankerten Vorläufer. Den Sonntag Lätare, den 4. Fastensonntag, hat man in England ab den Zeiten von Heinrich III. (1216–1239) als „*Mothering Sunday*" begangen. An diesem Tag wurde der „Mutter Kirche" im Blick auf die Taufen in der Osternacht und die Wiederaufnahme der Büßer am Gründonnerstag für ihre Mutterschaft gedankt. Zu diesem Feiertag der Kirche gehörte es schon damals, dass auch der leiblichen Mutter Dank gesagt wurde. Der Dank der Kinder konnte sich auch durch den Simnel Cake zeigen, dessen üppige Zutaten schon auf Ostern verweisen. Der Sonntag Lätare ist in England bis heute der offizielle Termin für den Muttertag.

Simnel Cake

Dieser köstliche Kuchen wird schon seit Jahrhunderten in England gebacken. Ursprünglich war er der typische Muttertagskuchen, heute wird er noch häufiger zu Ostern auf den Tisch gebracht. Da der Muttertag in England auf dem 4. Fastensonntag, nämlich auf Lätare begangen wurde, hatte dieser Tag gedanklich und bezüglich des guten Essens schon eine Nähe zum Osterfest. Für die letzten Fastenwochen vor Ostern stärkte man sich an diesem Tag. Entsprechend gehaltvoll ist dieser Kuchen auch! Er ist fast so berühmt wie der englische Christmas Cake. Für den Namen Simnel gibt es verschiedene Erklärungen. Die bekannteste Deutung: Simnel kommt von lateinisch *simila* – feines Mehl.

Zutaten:

für den Teig

- 230 g Sultaninen
- 230 g kernlose Rosinen
- 60 g Zitronat
- 170 g Butter oder Margarine
- 1 Prise Salz
- 4 Eier
- 170 g Mehl
- ½ TL Backpulver
- 2 TL Braunkuchengewürz
- Margarine zum Einfetten

für die Füllung und den Überzug

- 700 g Rohmarzipan
- 200 g Puderzucker
- Puderzucker zum Ausrollen
- 1 Eiweiß zum Bestreichen

Zubereitung:

Für den Teig Zitronat sehr fein hacken. Fett, Zucker und Salz schaumig rühren, nach und nach die Eier unterrühren. Mehl und Backpulver mischen, zusammen mit der Schaummasse zu einem geschmeidigen Teig rühren. Sultaninen, Rosinen, Zitronat und Gewürz unterheben. Eine Springform von 20 Zentimeter Durchmesser mit Pergamentpapier auslegen und einfetten. Die Hälfte des Teigs einfüllen.

Für die Füllung Rohmarzipan und Puderzucker verkneten. Ein Drittel davon auf einer mit Puderzucker bestäubten Arbeitsfläche zu einer runden Platte von 20 Zentimeter Durchmesser ausrollen und auf den Teig in die Form legen. Den restlichen Teig darüber füllen und glatt streichen. Im vorgeheizten Ofen auf die mittlere Schiene stellen.

Backzeit 90 Minuten bei 160 Grad. Den Kuchen noch 30 Minuten im ausgeschalteten Ofen stehen lassen, bis er fest ist. Kuchen aus dem Ofen nehmen, auf ein Kuchengitter stürzen, ganz auskühlen lassen. Restliches Marzipan zu einer Platte von etwas mehr als 30 Zentimeter Durchmesser ausrollen. Eine Platte von genau 30 Zentimeter Durchmesser ausschneiden,

Marzipanreste zum Garnieren aufbewahren. Den Kuchen mit verquirltem Eiweiß bestreichen, auf die Marzipanplatte stürzen und fest andrücken, den überstehenden Rand an den Kuchenrand drücken, überstehende Reste abschneiden, Kuchen wieder umdrehen. Zur Garnierung in die Marzipankante mit den Fingern Wellen drücken. Das übriggebliebene Marzipan noch einmal durchkneten und zu 12 kleinen Kugeln formen. Marzipankugeln rundum auf den Kuchen setzen. Fertige Torte für 4 Minuten unter den vorgeheizten Grill schieben.

Himmelfahrt

Biblisch markiert die Himmelfahrt Christi nach dem Lukasevangelium den Abschluss der Erscheinungen des Auferstandenen vor seinen Jüngern und damit das Ende der Osterereignisse. Es beginnt eine neue Zeit, die mit der Wiederkunft Christi und der Vollendung seines Reiches enden wird.

Das theologische Thema von Himmelfahrt, die Erhöhung Jesu zum Vater, ist zunächst Bestandteil der Osterverkündigung und der Osterfeier. Der Auferstandene ist der zu Gott Erhöhte, der zur Rechten Gottes sitzt, das heißt, Anteil an der Macht Gottes hat und aus der Macht Gottes seinen Jüngern erscheint. In einer zweiten Entwicklungsstufe wird Himmelfahrt am fünfzigsten Tag begangen, und erst um 400 entsteht in Jerusalem die Tradition, die Feier der fünfzig Tage durch den vierzigsten Tag, den heutigen Himmelfahrtstag, zu unterbrechen.

Vor allem in den Ostkirchen hat sich Himmelfahrt zu einem großen Fest entwickelt: Es ist der Höhepunkt der Feier der Vergöttlichung des Menschen, der Theosis, die mit der Inkarnation, der Menschwerdung Gottes, begonnen hat und mit der Himmelfahrt vollendet wird, indem der Mensch mit und durch Christus zum Vater erhöht wird.

In der westlichen Theologie sind Himmelfahrt und Pfingsten eine Entfaltung des Heilsgeschehens von Ostern. Im westlichen Kirchenjahr erhält Himmelfahrt den besonderen Akzent durch die Hervorhebung der universalen und kosmischen Herrschaft Christi. An diesem Tag werden die Herrschaft und Macht Gottes in Jesus Christus, seine universale Herrschaft, sein Königtum und die Vollendung seines Reiches in den Mittelpunkt gestellt. Einige liturgische Texte sind daher ähnlich den Texten des Epiphaniefestes: Es geht um Christi königliches Erscheinen vor aller Welt. Der Mensch aber soll sich „über das Irdische erheben und suchen, was droben ist", wie es in der katholischen Liturgie heißt.

Spargel-Quiche

Ob Himmelfahrt oder Vatertag – dieser Tag hat wenig an kulinarischen Genüssen hervorgebracht. Dass Jesus beim Vater ist, war den traurig Zurückgebliebenen wohl zunächst nicht Anlass für ein festliches Essen, und auch die Väter, die am Vatertag unterwegs sind, scheinen den Daheimgebliebenen erst recht keine Veranlassung dazu zu bieten.

Die Ostkirche sieht das Himmelfahrtsfest anders: Christus kehrt zum Vater zurück; er, der uns gleich war, erhält ewige Macht von Gott. Ihm wird universale, königliche Herrschaft übertragen, und mit seiner Himmelfahrt beginnt die Vergöttlichung des Menschen. Wenn das kein Anlass zum Feiern ist! Was passt dazu? Ich schlage vor: Ein königliches Gemüse muss auf den Tisch – Spargel. Er kommt aus dunkler Erde, wächst direkt nach oben und schmeckt himmlisch. Aber an einem Tag wie Himmelfahrt hat man aus diesem oder jenem Grund keine Ruhe für ein traditionelles Spargelessen. Daher habe ich mir eine Spargel-Quiche ausgedacht. Darin steckt alles, was zu Spargel gut passt. Man kann sie stückweise ganz gemütlich heiß oder auch lauwarm genießen, und vielleicht freut sich ein heimgekehrter Vater über ein kaltes Stück noch ganz königlich.

Zutaten für 2 bis 3 Personen:

- 200–250 g Blätterteig
- 6 Scheiben Käsescheibletten (Schmelzkäse)
- 2 Lauchzwiebeln
- 1 Bund Petersilie
- etwa 500 g Spargel
- 100–150 g Schinken
- 1 Becher Sahne
- 2 Eier
- Salz, Pfeffer, Muskatnuss
- 3 EL Semmelbrösel
- 20 g Butter

Zubereitung:

Blätterteig nach Anweisung für eine runde, 26 bis 30 Zentimeter große Form vorbereiten. (Es gibt ihn auch schon fertig ausgerollt.) Die Scheibletten auf dem Teigboden verteilen, Lauchzwiebeln in feine Scheiben schneiden, die dunkelgrünen Teile nicht verwenden. Petersilie klein hacken und mit den Lauchzwiebeln auf dem Käse verteilen. Den Spargel schälen und passend zur Größe der Form in Stücke schneiden und in der Form verteilen. Den Schinken in kleine Würfel schneiden und über den Spargel geben. Sahne und Eier verschlagen und mit den Gewürzen abschmecken. Die Eiersahne über den Spargel gießen. Butter und Semmelbrösel miteinander verkneten und auf die Quiche streuen. Im vorgeheizten Backofen auf der unteren Schiene etwa 45 Minuten bei 210 Grad backen.

Himmelfahrtsvögel

In manchen Gegenden war es üblich, an Himmelfahrt Vögel aus unterschiedlichen Teigarten (Hefeteig, Blätterteig oder Mürbteig) zu backen. Ein Originalrezept habe ich bislang nicht gefunden. Diese gebackenen Vögel wurden nach der Verlesung des Evangeliums von der Himmelfahrt Christi durch eine Luke in der Decke emporgezogen und sollten das leichte und schnelle Aufsteigen der Gebete symbolisieren, schnell – weil Christus beim Vater nun für die Seinen eintritt.

Pfingsten

Pfingsten ist ursprünglich letzter Tag der Osterfeier, also ein christologisches Fest. Der fünfzigste Tag – 7 mal 7 plus 1 – symbolisiert den Beginn der Vollendung. Ein Aspekt des Beginns der Vollendung ist die Ausgießung des Heiligen Geistes, wie es für die Endzeit erwartet wird. Das prophetische Reden beginnt wieder, weil Gott erneut zu seinem Volk spricht. Der Geist setzt das Werk Christi fort und wird es vollenden.

Das Fest entwickelt sich aber durch seine Historisierung zu einem neuen, eigenen Ereignis und verliert seine Funktion, das eine Heilsereignis in Tod und Auferstehung Jesu zu entfalten. Begangen wird in der Folgezeit fast ausschließlich die Herabkunft des Heiligen Geistes, es wird also zu einem Heiligen Geist-Fest. Es erhält ähnlich wie Ostern und Weihnachten eine eigene Festzeit mit Vorbereitungszeit, den Bitttagen, und Pfingstoktav und Folgesonntagen. Außerdem wird es Tauftermin für die, die Ostern verhindert waren, und Termin für die Firmung in der katholischen Tradition.

Das Kirchenjahr erhält durch diese Akzentuierung des Pfingstfestes als Fest des Heiligen Geistes eine trinitarische Struktur. Weihnachten als Fest der Liebe Gottes des Vaters, der seinen Sohn sendet; Ostern als das Fest des Sohnes, sein Tod und seine Auferstehung; Pfingsten als das Fest der Herabkunft des Geistes.

Zur Küche

An Brauchtum hat das Pfingstfest wenig Traditionen anzubieten. Die Taube ist pfingstliches Symbol des Heiligen Geistes, Symbol der Sanftmut – sie hat keine Galle –, der bräutlichen Liebe zwischen Christus und seiner Gemeinde. Im Mittelalter ließ man eine Taube über der Gemeinde kreisen, und die Chorknaben hatten die Aufgabe, das Brausen des Geistes hörbar zu machen. Es wurden auch Gaben und Süßigkeiten auf die Gemeinde herab geworfen, um an die Gaben des Geistes sinnlich zu erinnern. Es gab auch den Brauch, passend zum Aufsteigen der Himmelfahrtsvögel, Pfingstkrapfen herab zu werfen, auch dazu konnte ich bislang kein Rezept ausfindig machen. In Italien kennt man die Colomba, ein Hefegebäck, das die Form einer Taube hat. Das Rezept dazu finden Sie unter den Osterrezepten.

Mascarponecreme

Ist Pfingsten geschmacklos? Zu vielen christlichen Festen hat sich ein reiches Brauchtum entwickelt mit köstlichen Gaumenfreuden. Angesichts des Pfingstfestes scheinen die Köchinnen der Vergangenheit ratlos gewesen zu sein. Natürlich gab es Gutes, es war ja schließlich ein hohes Fest!

Schauen wir uns alte Pfingstlieder an. Zu unserer Frage kann man eine reizvolle Entdeckung machen: der Heilige Geist wird dort äußerst sinnlich beschrieben. Der Geist wird der Tröster, der Beistand genannt, er entzündet Liebesflammen, in der Glut haucht er Kühlung zu, er ist ein lebendiger Brunnenquell, der erquickt. Er ist der Geist der Stärke, des guten Rates und des Friedens. Kann man das Wirken des Geistes nicht vielleicht doch mit der Wirkung eines guten Essen verdeutlichen? Aber könnte man – abgesehen davon – auch den besonderen Geschmack des Pfingstfestes auf die Zungen zaubern?

Als meine Neukreation schlage ich eine Mascarponecreme mit Erdbeeren vor. Sie ist süß und damit tröstlich, sie ist kalorienreich und gibt darum Stärke, die Früchte erinnern an das Feuer des Geistes oder auch an die „Liebesflammen". Sie ist erfrischend – und wenn man genug davon hat, ist man bestimmt auch friedlich.

Zutaten für 2 bis 4 Personen:

für die Creme
- 250 g Mascarpone
- 1/8 l saure Sahne
- 50 g Zucker
- 1 EL Orangenlikör
- 500 g Erdbeeren

für die Sauce
- 2 Eier getrennt
- 30 g Zucker
- 100 ml Sahne
- 1 Päckchen Vanillinzucker
- einige kleine Mandelmakronen oder gebrochene Löffelbiskuits

Zubereitung:

Erdbeeren halbieren und mit 20 Gramm Zucker mischen. Mascarpone und saure Sahne mit dem restlichen Zucker gut verrühren. Orangenlikör unterrühren. Die Hälfte der Erdbeeren unterheben. Für die Sauce Eier mit Zucker zu einer festen Masse schlagen (das dauert mindestens 5 Minuten). Die Sahne mit dem Vanillinzucker schlagen. Eiweiß mit einer Prise Zucker schlagen. Beides vorsichtig unter die Eiercreme heben. Makronen in eine Schüssel geben, Mascarponecreme darüber verteilen, Eiercreme darüber gießen und mindestens 1 Stunde kühl stellen. Vor dem Servieren mit den restlichen Erdbeeren dekorieren.

Die Trinitatiszeit

Die Zeit nach Pfingsten ist eine Zeit ohne hohe kirchliche Festtage. In den evangelischen Kirchen werden die Sonntage nach der Bezeichnung für den Sonntag nach Pfingsten, Trinitatis, bis zum 1. Advent durchgezählt. Je nach dem Ostertermin sind es zweiundzwanzig bis siebenundzwanzig Sonntage nach Trinitatis. In die Zeit nach Trinitatis fallen einige kirchliche Gedenktage, wie Johannis (24.6.), Michaelis (29.9.), Erntedank (Sonntag nach Michaelis), Reformationsfest (31.10.), Buß- und Bettag, Ewigkeits- oder Totensonntag.

Das Trinitatisfest

Das Trinitatisfest bezieht sich nicht auf ein bestimmtes Ereignis in der Heilsgeschichte, sondern es geht um ein Thema des christlichen Glaubens. Es geht um die den Christen eigene Rede von Gott als Vater, Sohn und Geist. Das Nachdenken begann mit der Frage: Kann man von Gott und seinem Handeln noch sprechen, ohne gleichzeitig von Jesus Christus zu sprechen? Das Bedürfnis, dieses Glaubensgeheimnis der Dreieinigkeit zu feiern, geht auf das christliche Altertum zurück, wo um diesen Glauben gegen andere Vorstellungen gestritten wurde. Ausgangspunkt des Streites war die Frage nach der Gottheit Christi. Wie kann man, wenn man an einen Gott glaubt, von der Gottheit Christi sprechen? Glaubt man so nicht an zwei Götter? Spricht man dann noch von dem einen Gott, der allein Ursprung von allem ist? Der Theologe Arius vertrat im 4. Jahrhundert einen strengen Monotheismus: Christus ist nicht wesenseins mit Gott, sondern von ihm geschaffen und ihm untergeordnet. Die Gegner dieser Position fragten, ob der Mensch durch Christus überhaupt erlöst sei, wenn er nicht göttlichen Wesens ist. Die arianische Position wurde von den germanischen Völkern zunächst übernommen, aber nach langen theologischen Auseinandersetzungen setzte sich das Bekenntnis von Nizäa-Konstantinopel zu Jesus Christus als „wahrer Gott vom wahren Gott, ... eines Wesens mit dem Vater" und zu der Göttlichkeit des Geistes durch. Dieser Gedanke wird zum Beispiel deutlich bei der Spendung der Taufe und beim Gebet. Das Gebet des Christen wird gesprochen im Namen des Vaters und des Sohnes und des Heiligen Geistes. Die gottesdienstlichen Gebete gehen an den Vater durch Jesus Christus im Heiligen Geist. Gott ist nicht nur einer, der dem Menschen gegenübersteht, sondern er ist auch eine

liebende, dynamische Beziehung, in die der Mensch hineingenommen wird. Seine Gebete werden durch Christus im Geist zu Gebeten, die bei Gott ankommen. Nicht durch eigene Anstrengung ist der Christ mit Gott verbunden, sondern weil der Geist ihn in die liebende Beziehung von Vater, Sohn und Geist hineinzieht.

Der Ursprung des Trinitatisfestes als kirchlicher Festtag liegt im Dunkeln. Man vermutet die Anfänge in benediktinischen Klöstern im 9. Jahrhundert. Die römischen Päpste haben sich lange gegen die offizielle Einführung dieses Festes gesträubt, ehe es 1334 von Johannes XXII. im Exil zu Avignon für die ganze Kirche als verbindlich erklärt worden ist. Weil das Thema der Dreieinigkeit zwischen Rom und den Reformatoren nie strittig war, ist es von den evangelischen Kirchen übernommen worden. Die orthodoxen Kirchen kennen das Fest nicht, für sie ist dieser Gedanke mit dem Pfingstfest verbunden.

Pikanter Erdbeersalat

Ein Schüler fragte mich einmal: „Trinitatis? – Was ist das? Kann man das essen?" Was habe ich damals geantwortet? Ich weiß es nicht mehr, wahrscheinlich war meine Antwort nicht besonders überzeugend oder originell. Vielleicht habe ich so gesagt: Gott wird als liebende Beziehung von Vater, Sohn und Geist gedacht, in die der Mensch hineingenommen wird. Der eine Gott wendet sich dem Menschen dreifach zu. Mein Schüler sagte prompt „Amen" und verdrehte die Augen.

Also: Essen kann man es nicht, denken kann man es auch nicht, aber man kann es genießen, meint – wenigstens sinngemäß – Augustinus, der berühmte Theologe des 4. und 5. Jahrhunderts. Für die meisten unserer Zeitgenossen ist der Gedanke „ein Gott als Vater, Sohn und Geist" ungenießbar, weil unlogisch und überflüssig.

Und was fanden die daran, die über so etwas nachgedacht haben? Die waren wirklich genusssüchtig, die konnten von Gott nicht genug kriegen. So haben sie seine Gegenwart genossen, sprich meditiert. Nicht Ihr Geschmack? Nun, dann fällt mir nur noch ein Rezept ein. Wenn überhaupt ein Rezeptvorschlag zu Trinitatis riskiert werden kann, dann muss es einer mit viel Genuss, gesunden Zutaten und wenig Arbeit sein, damit fürs Genießen noch genug Zeit bleibt.

Nach den vielen Schlemmereien der Osterzeit ist ein Salat genau das Richtige. Er besteht aus drei Grundbestandteilen.

Zutaten für 4 Personen:

- ½ Kopf Eisbergsalat
- 500 g Erdbeeren oder 1 Honigmelone
- 30 g Bündner Fleisch (oder für Vegetarier: 40 g geröstete Mandelstifte)
- 2 Bund Basilikum
- 4 EL Balsamessig
- ½ TL Senf
- Pfeffer grob gemahlen
- Salz
- 8 EL Öl

Zubereitung:

Erdbeeren in Scheiben (Honigmelone in mundgerechte Würfel) schneiden. Eisbergsalat und Basilikum jeweils in feine Streifen schneiden. Essig mit Senf, Pfeffer, Salz und Öl verrühren, eventuell mit einer Prise Zucker abschmecken. Die vorbereiteten Zutaten mit der Sauce mischen. Das Bündner Fleisch in breite Streifen schneiden, zum Schluss über den Salat verteilen (oder die gerösteten Mandeln drüberstreuen).

Das Fronleichnamsfest

Dieses katholische Fest war in der Vergangenheit in manchen Gegenden Deutschlands für evangelische Christen ein schwieriges Fest. Fronleichnam war für viele der Inbegriff des Katholischen und wurde besonders durch die Ausgestaltung der Prozession als provozierende katholische Demonstration wahrgenommen, was auch intendiert war. Durch die prachtvolle Demonstration des Glaubens an die Gegenwart Christi im Brot wollte man die protestantischen Irrlehren bekämpfen. Andererseits finden heute selbst evangelische Christen so manch prächtige Fronleichnamsprozession am Urlaubsort im Süden oder in Bayern schön und feierlich. Da auch Kirchentage häufig in der Woche des Fronleichnamstages stattfinden, haben manche Evangelische ihre Vorbehalte etwas zurückgenommen oder beteiligen sich sogar an der Prozession. Ich biete an dieser Stelle für Unwissende ein wenig Nachhilfe und für Irritierte ein wenig Entscheidungshilfe. Und für das Nachdenken gibt es noch Gutes zu essen.

Der Name des Festes geht auf die lateinische Bezeichnung: *festum sanctissimi corporis Christi* – Fest des allerheiligsten Leibes Christi – zurück. In einigen modernen europäischen Sprachen ist der Ausdruck als Bezeichnung für das Fest stehen geblieben: *Corpus Christi* (England), *Corpus Domini* (Italien), Fronleichnam (*fron* – Herr; *lichnam* – leib). Es geht also um den Leib Christi, um die Gegenwart Christi in Brot und Wein, wobei die Gestalt des Weins vernachlässigt wird. An einigen Orten erhält das Fest den Namen von dem den Teilnehmern an diesem Tag gewährten Ablass wie „Antlasstag" in Bayern oder es erhält den Namen von den Feierlichkeiten: „Prangtag" oder „Kränzeltag" in Tirol. Im Katholischen Messbuch heißt der Tag heute: „Hochfest des Leibes und Blutes Christi".

Die Wurzeln des Festes liegen in der mittelalterlichen Verehrung des Abendmahlssakraments. Der Wunsch nach einem besonderen Fest wurde erstmals bekannt aus dem Kreis um Juliana von Lüttich. In einer Vision sah sie die Scheibe des Vollmonds, wobei eine dunkle Stelle das Fehlen eines besonderen Festes zu Ehren der hl. Eucharistie anzeigte. 1247 ordnete der zuständige Bischof Robert von Lüttich ein besonderes Fest der Eucharistie in seinem Bistum an. Es wurde insbesondere in Deutschland propagiert. Papst Urban IV. schreibt 1264 das Fest für die ganze Kirche vor. Zum Ende des 13. Jahrhunderts (1277 St. Gereon in Köln) entwickelten sich die Fronleichnamsprozessionen, die entscheidend dazu beigetragen haben, dass das Fest nach einigen Startschwierigkeiten populär wurde. Die Fronleichnamsprozession hat gemeinsame Wurzeln mit Flurprozessionen zur Segnung der Felder bei Saat und Ernte. Dabei wird das konsekrierte Brot mitgetragen und von Sängern, Fahnenträgern und nach Ständen geordneten Gruppen begleitet. Im Barock erreichte sie die höchste Prachtentfaltung, die auch die Irrlehrer überzeugen sollte. Als Datum wurde der Donnerstag nach dem Dreifaltigkeitsfest (Trinitatis), in der ersten freien Woche nach der Osterfestzeit festgelegt. Der gewählte Wochentag verweist auf die Einsetzung der Eucharistie am Gründonnerstag, die wegen des besonderen Charakters der Karwoche nicht so festlich wie erwünscht gefeiert werden kann.

Martin Luther hat das Fronleichnamsfest grundsätzlich abgelehnt, weil es die Verehrung des konsekrierten Brotes in den Mittelpunkt stellt und es dadurch aus dem Gesamtzusammenhang des Abendmahls löst. Für ihn geht es bei der Feier des Abendmahls um die Hingabe Jesu für die Seinen, um das Gedächtnis seines erlösenden Todes und um die rettende Gemeinschaft, die Jesus im Mahl anbietet. Diese kritische Sicht wird heute auch von vielen katholischen Theologen geteilt. Außerdem besteht die Sorge, dass gerade die heute noch besonders prächtigen Prozessionen zu einer folkloristischen Darbietung absinken. Inzwischen haben sich neue Formen entwickelt. Statt einer Prozession hält man eine Eucharistiefeier der ganzen Gemeinde im Freien oder man organisiert einen Zug verschiedener Gemeinden zu einem Ort mit gemeinsamer Feier dort. Das Brauchtum ist eng mit dem Abendmahl/der Eucharistie verbunden. Es gibt Fronleichnamsspiele, Blumenteppiche, Häuser am Prozessionsweg werden geschmückt. Kulinarisch ist nicht viel überliefert, darum mache ich einen eigenen Vorschlag. Mein Rezeptvorschlag ist für die gedacht, die nach der Prozession noch zusammen sind, Hunger haben und schnell körperliche Stärkung für eine größere Gruppe benötigen. Das Rezept verdanke ich der Schwestern- und Brüderschaft des Wichern-Kollegs im Johannesstift, die mit solchen Situationen Erfahrung haben und auf dieses Rezept schwören. Also hier die ökumenische Unterstützung zur Speisung der hungrigen Pilger oder für alle ähnlich gelagerten Fälle:

Penne à la Wodka

Zutaten für 18 bis 20 Personen:

- 2 kg Penne Rigate
- 4 x Suppengrün
- 2 Zehen Knoblauch
- 4 Zwiebeln
- Öl
- ¼ l Brühe
- 2 ½ l passierte Tomaten
- 1 ½ l Sahne
- 80 ml Wodka
- Salz
- Pfeffer
- etwas Zucker

Zubereitung:

Das Suppengrün, Knoblauch und die Zwiebeln sehr klein schneiden, in Öl andünsten lassen, bis die Zwiebeln glasig sind, die Brühe zugießen und 10 Minuten köcheln lassen. Passierte Tomaten zufügen, aufkochen, Sahne unterrühren, Wodka zugeben und mit den Gewürzen gut abschmecken.
Die Penne Rigate al dente kochen. Dazu Salat und Joghurt mit roter Grütze.

Der Johannistag

Am 24. Juni wird des Geburtstages Johannes des Täufers gedacht. Die Festlegung dieses Datums beruht auf dem Hinweis in Lukas 1,36, wonach Johannes sechs Monate vor Jesus empfangen und geboren wurde, und auf der römischen Zeitrechnung mit ihrem Festkalender, nach dem die Geburt Jesu am 25. Dezember gefeiert wird. Im Neuen Testament gilt Johannes als Vorläufer Jesu, der das Kommen des Größeren ankündigte, das Volk durch seine endzeitliche Bußtaufe vorbereitete und seinem Auftrag auch gegen den Landesfürsten Herodes treu blieb, um von diesem schließlich umgebracht zu werden.

Unter dem Eindruck der Aussage Jesu Lukas 7,26 („Ja, ich sage euch, ihr habt sogar mehr gesehen als einen Propheten") wurde Johannes zum ersten überregional verehrten Heiligen der christlichen Kirche in Ost und West. In frühester Zeit wurde seiner im Osten im Zusammenhang des Epiphaniasfestes gedacht, das dort die Taufe Jesu zum Mittelpunkt hatte. Der bei uns übliche 24. Juni wird symbolisch und kosmisch begründet, indem Johannes 3,30 („Jener muss wachsen, ich aber geringer werden") mit dem Abnehmen der Tage ab dem Geburtsfest des Johannes und dem Zunehmen der Tage ab dem Geburtsfest Jesu verglichen wird. Eine solche Deutung findet sich schon bei Augustinus.

Das Mittelalter hat aus dem Geburtsfest so etwas wie ein „Sommerweihnachten" gemacht mit entsprechender adventlicher Vorbereitung und einer Mitternachtsmesse. Das Brauchtum dieses Tages ist aber weniger von Besonderheiten des Lebens Johannes des Täufers bestimmt als durch die Sommersonnenwende. Der Höhepunkt des Naturjahres, das Licht, die Vegetation werden überschwänglich gefeiert, aber das nun langsam folgende Zugehen auf den Winter und die zunehmende Dunkelheit regen auch zum Nachdenken über die Vergänglichkeit und Endlichkeit menschlichen Lebens an.

Im Brauchtum drückt sich neben ausgelassenen Feiern auch die Sorge um die Zukunft aus, zum Beispiel im Glauben, dass die Johannisnacht einen Blick in die Zukunft gewährt, dass ein Traum in der Johannisnacht sich erfüllt, dass bestimmte Speisen und Getränke an diesem Tag für den Menschen heilkräftig seien, wie zum Beispiel das Johanniskraut, das die Männer von Kopfschmerzen und die Frauen von Unfruchtbarkeit befreien soll, und das Basilikum oder das in der Johannisnacht geschöpfte Quellwasser. Das Johannisfeuer, das seinen Ursprung im Sonnenwendfeuer hat, wird christlich gedeutet als Hoffnung auf die verwandelnde und reinigende Kraft des Reiches Gottes, auf Christus, das Licht der Welt, auf dessen Kommen der Christ angesichts von Tod, Angst und Bosheit hoffnungsvoll wartet.

Johannisbeertorte französische Art

Vieles, was in der Natur zu Johannis blüht und reift, ist mit dem Namen des Johannes in Verbindung gebracht worden. So findet man die Bezeichnung „Johannisblume" für vielerlei Pflanzen, die Ende Juni blühen, wie Hartheu, Maßlieb, Gänseblümchen, Frauenmantel, Wachtelweizen, und „Johanniskraut" steht für Fetthenne und Nelkenwurz. Und weil die Johannisbeere um den Johannistag reif ist, heißt sie eben Johannisbeere. Manche deuten die roten Beeren auch als Hinweis auf das gewaltsame Ende des Täufers oder auf sein leidenschaftliches Engagement für Recht und Gerechtigkeit als Wegbereiter des Kommens Gottes. Für uns sind diese Hinweise Grund genug, zum Johannisfeuer eine Johannisbeertorte zu backen.

Zutaten:

für den Teig

- 200 g Mehl
- 1 Ei
- 75 g Zucker
- 25 g gehackte Mandeln
- 80 g Margarine

für die Füllung

- 2 Eigelb
- 50 g Zucker
- 1 Päckchen Vanillinzucker
- 2 EL Sahne
- 125 g gehackte Mandeln
- 750 g Johannisbeeren

zum Bestreuen

- 125 g Zucker

Zubereitung:

Aus den angegebenen Zutaten mit dem Knethaken einen glatten Teig herstellen und im Kühlschrank mindestens eine halbe Stunde ruhen lassen. Für die Füllung Eigelb mit dem Zucker und Vanillinzucker schaumig schlagen, Sahne und Mandeln untermischen. Die Johannisbeeren mit einer Gabel von den Rispen streifen. Den Teig ausrollen und in eine Springform geben (24–26 Zentimeter Durchmesser), den Rand etwas hochdrücken. Masse auf dem Tortenboden verteilen und die Johannisbeeren darübergeben. Im vorgeheizten Backofen auf der zweiten Schiene von unten etwa 40 Minuten bei 180 Grad backen. Kurz abkühlen lassen und mit der Hälfte des Zuckers bestreuen. Nach dem Erkalten den restlichen Zucker auf den Kuchen streuen.

Kirchweih

In manchen Gegenden Deutschlands sind die Sommermonate durch viele ereignisreiche Veranstaltungen bestimmt, von deren Wichtigkeit und Bedeutung die Nordlichter dieser Republik kaum etwas ahnen, geschweige denn verstehen. Sie heißen: Kirmes, Kirwei, Kirwa oder Kärwa, Kirbe, Kerwe oder Kirda oder auch noch ganz anders. Da wird ein Kärwa-Baum von den jungen Männern des Ortes aufgestellt, da wird eine Strohpuppe aus- und wieder eingegraben oder es sind tückische Prüfungen zu bestehen. Aber auch dort, wo diese Tage mit Inbrunst begangen werden, weiß man nicht mehr unbedingt, was der Name besagt oder was der historische und kirchliche Hintergrund dieser Tage ist. Wie der Name anzeigt, geht es um den Gedenktag der Weihe der Kirche, der mit einem festlichen Gottesdienst und Feierlichkeiten über mehrere Tage begangen wurde. Der kirchliche Zusammenhang ist leider an vielen Orten auch nicht mehr wahrnehmbar, da der eigentlich dazugehörige Festgottesdienst auf vielen Programmen zur Kirchweih gar nicht mehr auftaucht. Der traditionelle Ablauf der Tage sieht häufig so aus: Beginn am Freitag oder Samstag und Ende am Montag oder nach 8 Tagen. An diesem Ablauf kann man die Tradition kirchlichen Feierns noch gut erkennen. Denn im Mittelalter wurde der Tag der Weihe einer Kirche, insbesondere der Kathedralkirche, zu einem Hochfest mit Vigil und Oktav gemacht. Man begann also die Feier schon am Vorabend und feierte eine Woche lang. Wie bei Weihnachten oder Ostern wurde die Feierwoche im Laufe der Zeit auf den 2. Feiertag reduziert.

Die Weihe einer Kirche ist in christlichen Gemeinden der Alten Kirche lange nicht üblich gewesen, da das Versammlungsgebäude keine eigene religiöse Bedeutung hatte und man die Vorstellung, ein Gebäude müsse für den religiösen Gebrauch konsekriert werden, als heidnisch betrachtete. Entscheidend war die Gegenwart Christi in der in seinem Namen versammelten Gemeinde. Darum kam höchstens dem ersten Gottesdienst in dem neuen Kirchgebäude eine besondere Bedeutung zu. Die Weihe von Kirchen mit Salbung, Weihrauchopfer, Weihwasser, Reliquienbeisetzung und Patronat eines Heiligen, hat sich im frühen Mittelalter (8. Jahrhundert) zunächst in Gallien langsam durchgesetzt. Der Gedenktag der Einweihung, zu dem man auch aus entlegenen Dörfern zusammenkam, war natürlich auch eine gute Gelegenheit, um von vorbeiziehenden Händlern Waren zu erstehen und Vergnügungen nachzugehen. Schon bald versuchten kirchliche Stellen etwas gegen die „zügellosen und ausschweifenden Feiern" zu unternehmen – erfolglos. Seit dem späten Mittelalter lockerte sich die Verbindung zwischen dem kirchlichen Fest und der „weltlichen" Kirmes, die bis heute das bekannteste und verbreitetste Volksfest ist. Das Brauchtum ist unüberschaubar. Es findet sich eine Mischung aus Bräuchen, die man auch zu Neujahr, Fasching, Maifeier, Halloween antreffen kann. Aber ein Brauch lässt sich zumindest ansatzweise auf das kirchliche Fest zurückführen: Häufig spielt eine Strohpuppe an diesen Tagen eine besondere Rolle. Sie hat verschiedene Namen, wird unterschiedlich gut behandelt, manchmal heißt sie Zacheis. Dahinter verbirgt sich der Zachäus aus dem Lukasevangelium (Lk 19,1–10). Was hat der auf der Kirmes zu suchen? Die Geschichte von Zachäus, bei dem Jesus zu Gast war, ist das traditionelle Evangelium zur Kirchweihe. Die Erzählung erinnert daran, dass Jesus sich selbst bei Zachäus einlädt, dass er also selbst die Initiative ergreift, um den Menschen nahe zu sein.

Diese Textauswahl finde ich bemerkenswert, denn das Haus des Zöllners war garantiert nicht konsekriert und an dem üppigen Festmahl dort hat sich zumindest Jesus nicht gestört.

Das klassische Gebäck zur Kirchweih sind Krapfen in verschiedenen Formen mit verschiedenen Namen (Käbbel, Kirchweihnudeln, Kirchweih-Küchel), in der Regel in Fett gebacken. Fast jede Region hat ihr eigenes Rezept. In Franken wurde ich darüber belehrt, dass es katholische und evangelische „Küchle" gibt. Die evangelischen seien quadratisch und die katholischen seien rund und hätten in der Mitte eine Delle – und das mache einen großen Unterschied.

Ich biete Ihnen zwei traditionelle Rezepte an: ein eher mageres Rezept, wenn Sie noch auf die Feste der Nachbargemeinden wollen, und ein üppiges, wenn Sie am Ende sind und nicht mehr so viel vorhaben.

Oberbayrische Kirchweihnudeln

(Rezept von 1901)

Zutaten:

- 560 g Mehl
- 1 Päckchen Hefe mit etwas Milch
- 35 g Zucker
- 70 g Butter
- 2 Eier
- 1 TL Salz
- ¼ l Milch
- Ausbackfett

Zubereitung:

In die Mitte von 560 Gramm erwärmtem Mehl die zerbröselte Hefe geben, dazu etwas Zucker und die warme Milch, alles ein wenig verrühren. 30 Minuten gehen lassen. Danach alle restlichen Zutaten zu einem lockeren Teig abschlagen, dann verkneten, eine Kugel formen und gehen lassen.

Dann sticht man mit dem Löffel kleine Stücke ab, dreht sie auf einem bemehlten Brett zur Kugel, dann rollt man sie fein platt aus. Kurz gehen lassen und von der Mitte her auseinanderziehen, ohne dass ein Loch entsteht. Die Nudeln ins heiße Fett geben und die Oberfläche mit heißem Fett begießen, bis sie aufgegangen sind.

(Rezept von 1886)

Zutaten:

- 750 g Mehl
- 70 g Hefe
- 250 ml warme Milch
- 250 ml süßer Rahm leicht angewärmt
- 250 ml saurer Rahm leicht angewärmt
- 3 EL Zucker
- 200 g Butter
- 1 TL Salz
- 3 Eier
- 2 Eigelb
- 200 g Sultaninen oder Korinthen

zum Bestreuen

- Zimt und Zucker

Zubereitung:

Wie oben beschrieben, einen lockeren Hefeteig herstellen, zum Schluss die Sultaninen unterkneten und gut 1 Stunde gehen lassen.

Eigroße Stücke abstechen, rund formen, 30 Minuten aufgehen lassen, und mit einem in heißem Fett eingetauchten Messer einige Einschnitte machen, damit die Nudeln beim Backen aufspringen. Zum Ausbacken portionsweise in heißes Fett geben, abtropfen lassen und mit Zimt und Zucker bestreuen.

Der Michaelistag

Am 29. September feiern evangelische Christen den Tag des Erzengels Michael und aller Engel. In manchen Gegenden Süddeutschlands erfreut sich das Fest einer gewissen Popularität. In der katholischen Kirche feiert man am gleichen Datum das Fest der Erzengel Michael, Gabriel und Raphael und am 2. Oktober das Schutzengelfest.

Die Verehrung Michaels ist sehr alt. Schon zu Anfang des 5. Jahrhunderts gab es in Italien zahlreiche Kirchen und Kapellen, die ihm geweiht waren. Einen besonderen Aufschwung nahm die Verehrung durch die legendäre Erscheinung Michaels auf dem Berge Gargano in Süditalien 492, wo ihm ein berühmtes Heiligtum errichtet wurde.

Sein Name wird erstmals im Danielbuch genannt. Er steht dem Volk Gottes in der Bedrängnis bei und kämpft gegen dessen Feinde. Als Schutzengel Israels steht Michael zur Rechten Gottes. Die Frommen werden auf ihren Wegen von ihm behütet und geleitet, er bringt ihre Gebete und guten Werke vor Gott. Im letzten Buch des Neuen Testaments, der Apokalypse, finden wir die Erzählung vom Kampf Michaels und seiner Engel mit dem Drachen (12,7–12). Der Drache wurde als Sinnbild des Bösen und alles Glaubenszerstörerischen betrachtet. Der heilige Michael galt der Stadt Rom, später der Kirche, als Schutzpatron vor allen Gefahren, besonders als Schützer des Glaubens. Das Heilige Römische Reich Deutscher Nation und später das Deutsche Reich knüpften an diese Tradition an, und so wurde Michael der Schutzpatron der Deutschen.

Michael als Schutzpatron der Deutschen ist heute kaum mehr präsent. Man kann ihn noch in Karikaturen finden, fast ins Gegenteil verkehrt: Der Schützling des Erzengels Michael erscheint als deutscher Michel, klein und verzagt, verschreckt angesichts der Weltprobleme, in steter Angst etwas zu verlieren, gebeutelt zu werden, eher engstirnig auf das Seine bedacht als ein mutiger Kämpfer gegen das Böse. Wie kommt das, wo die Deutschen sich doch den vornehmsten Engel ausgesucht haben?

Süßspeise für große und kleine Engel

Was essen Engel? Nichts, wird man nach landläufiger Meinung antworten, da sie keinen Körper haben. Aus meiner Kindheit habe ich aber die Erinnerung, dass die Engel für das Plätzchenbacken vor Weihnachten zuständig sind, und schon damals trieb mich die Frage um, ob man überhaupt Plätzchen backen kann, ohne vom Teig zu naschen oder wenigstens zu probieren, ob sie gut geraten sind. Dann gibt es noch das Manna, das als Himmelsspeise und auch als Speise der Engel bezeichnet wird. Also ganz ohne eine Speise scheinen auch Engel nicht zu leben.

Wovon lebt ein Engel? Wovon lebt der starke Erzengel Michael? Ein Engel ist ein Bote, ein Bote Gottes. Also braucht er auf jeden Fall zum Leben Gottes Auftrag und Schutz. Aber ich kenne auch Engel, die kommen damit nicht aus, die brauchen mehr, die brauchen dringend etwas Anständiges zu essen, damit sie Boten Gottes sein können.

Was könnte man ihnen zu essen geben? Es muss ihnen Mut und Kraft geben, es muss voller Trost und Hoffnung sein, ein Vorgeschmack des Himmels und des Reiches Gottes, damit sie ihren Auftrag nicht vergessen. Ich schlage eine Süßspeise für alle Engel vor. Sie ist goldgelb und weiß, locker und leicht wie ein Wölkchen, zergeht schon auf der Zunge und lässt vom Himmel träumen. Sie enthält viel Stärke und tröstet mit ihrer Süße. Der Wein mit seiner Säure rundet das Ganze harmonisch ab, erinnert an das große himmlische Hochzeitsmahl.

Die Engelsspeise besteht aus zwei Schichten, einer weißen Vanillecreme und einer gelben Weincreme. Das Rezept sollte für vier bis sechs Personen reichen. Wenn ich vier Engel bewirte, reicht es bei mir gerade aus. Für ganz kleine Engel wird es auch mit Traubensaft himmlisch schmecken.

Zutaten:

für die Vanillecreme

- 40 g Speisestärke
- 50 g Zucker
- 1 Päckchen Vanillinzucker
- 6 EL Milch
- 3 Eiweiß
- ½ l Milch

für den Weinschaum

- 3 Eigelb
- 50 g Zucker
- 1 TL Speisestärke
- ⅛ l Weißwein
- abgeriebene Schale und Saft von ½ Zitrone

Zubereitung:

Vanillecreme: Die Speisestärke mit Zucker, Vanillinzucker und den 6 Esslöffeln Milch anrühren. Das Eiweiß mit etwas Zucker steif schlagen. Die Milch zum Kochen bringen, von der Kochstelle nehmen und die angerührte Stärke hineinrühren, einmal aufkochen lassen und den steifen Eischnee vorsichtig unter die heiße Speise heben. Die fertige Creme in eine Glasschüssel geben.

Weinschaum: Eigelb, Zucker und Speisestärke schaumig aufschlagen, den Wein erhitzen und unter Schlagen zur Eiermasse gießen. Den Weinschaum in einen Topf gießen, auf der Kochstelle bei mittlerer Temperatur oder im heißen Wasserbad so lange schlagen, bis sie leicht angedickt ist; sie darf auf keinen Fall kochen. Vorsicht, die Creme setzt leicht an! Den Topf mit dem fertigen Weinschaum kurz in kaltes Wasser stellen und noch etwas weiter schlagen, dann auf die weiße Creme gießen und erkalten lassen.

Das Erntedankfest

Am Sonntag nach Michaelis wird das Erntedankfest begangen. Der Ursprung liegt wahrscheinlich in dem Brauch, zu Beginn eines jeden Vierteljahres Fast- und Bettage zu halten, die sogenannten Quatembertage. Herbst- und Dezemberquatember waren geprägt vom Dank für die Ernte und von der Bitte um gute Ernte auch im kommenden Jahr. Im Unterschied zum jüdischen Festkalender, der zwei Erntedankfeste kennt, das Wochen- und das Laubhüttenfest, gab es in christlichen Gemeinden dafür zunächst keinen festen Termin. Aber man kennt seit dem Mittelalter verschiedene Daten für eine Erntedankfeier. Nach der Reformation bürgerte sich in evangelischen Gemeinden der Michaelistag oder ein dem Michaelistag benachbarter Sonntag ein. Trotzdem existierten, durch regionale Gegebenheiten bedingt, auch frühere oder spätere Termine, beispielsweise zur Kornernte oder zur Traubenernte. In Preußen wurde das Erntedankfest 1773 offiziell eingeführt und auf den Sonntag nach Michaelis festgelegt.

Der Erntedanktag ist Anlass zu fröhlichem Feiern, mit allem, was Küche und Keller zu bieten haben. Dazu gehören das frisch gebackene Brot, mit Ähren oder einem Kreuz verziert, das frisch gebraute Bier, Gerichte aus Kartoffeln, Äpfeln, Trauben und nicht zuletzt ein guter Wein.

Kartoffeln nach Art von Huancancayo

Erntedank ist die richtige Zeit, der Kartoffel – oder besser: Peru und den Inkas – ein Loblied zu singen. Die allererste Nachricht von der Kartoffel kam von einem spanischen Missionar, der mit Columbus nach Südamerika reiste. Die Indios ernährten sich von einem Püree aus luft- und frostgetrockneten Kartoffeln und konnten damit auch karge Zeiten gut überstehen.

Anfangs dampften in Europa die Kartoffeln nur auf den Tischen der Reichen, als exotischer Mittelpunkt zwischen gefüllten Fasanen und gerösteten Ochsen. Wie feine Pralinen wurden die ersten Kartoffeln sorgfältig verpackt zu den Majestäten geschickt, selbst der Papst erhielt ein Kästchen. Doch die meisten Bauern beäugten die neue Frucht mit Misstrauen. Wer sie probierte, musste schon Mut haben, denn: Sie ist giftig, macht dumm und hilft nur gegen Zahnweh!

Der Durchbruch kam mit Friedrich dem Großen, der auch als Kartoffelkönig in die Geschichte einging. Hungersnöte und Krieg haben schließlich den Bauern und auch den Bürgern die Kartoffel schmackhaft gemacht. Man kann nur spekulieren, wie vielen Menschen die Kartoffel aus dem fernen Peru das Leben gerettet hat.

Noch heute essen die Indios in den Hochtälern der Anden vorwiegend Kartoffeln, die von ihnen zu einmaliger Qualität kultiviert worden sind. Zwar haben sie nicht die Zutaten für aufwendige Kartoffelgerichte, aber das vorgeschlagene, einfache Gericht hat fast historische Bedeutung. Es verbindet die alte Küche der Inkas mit der Küche der Spanier. Erntedank ist ein guter Anlass, sich zu erinnern, welche Genüsse Gaumen und Magen Menschen anderer Kulturen verdanken.

Das Rezept bringt Ihnen mit dem peruanischen Nationalgericht, benannt nach der peruanischen Bergstadt Huancancayo, Duft und Geschmack aus fernen Landen und Zeiten auf den Tisch.

Zutaten für 4 Personen:

- 1 kg Kartoffeln (vorwiegend festkochend)
- 1/8 l Olivenöl (anderes Öl ist auch möglich, weniger geht auch)
- 1 TL Gelbwurz (Kurkuma) (Menge ist Geschmackssache, mehr geht auf jeden Fall)
- 1 Prise frisch gemahlener schwarzer Pfeffer
- 1 TL Paprikapulver (wer es scharf mag, Cayennepfeffer und 1 kleingehackte Peperoni)
- 1 Zwiebel in dünnen Scheiben
- 1/4 l süße Sahne
- 150 g Frischrahmkäse
- Salz

zum Garnieren

- schwarze Oliven
- hartgekochte Eier
- kleingehackte Gemüsepaprika
- Zitronensaft

Zubereitung:

Kartoffeln in Salzwasser kochen. Für die Sauce Öl in einer Pfanne erhitzen, Kurkuma, Pfeffer, Paprika einrühren, kurz erhitzen, auf kleine Flamme stellen. Sahne, Frischkäse, Salz verrühren (geht gut mit dem Mixstab). Diese Mischung mit den Zwiebeln langsam in die Pfanne rühren. Langsam erwärmen. Die Sauce über die heißen, geschälten Kartoffeln geben, mit den angegebenen Zutaten nach Geschmack garnieren. Wer auf „Fleischliches" nicht verzichten möchte, kann rohe Schinkenstreifen anbraten und über das Gericht geben.

Berliner Kartoffelwaffeln

Wer lieber bei vertrauteren Gaumenfreuden bleiben will, der sollte einmal diese Berliner Kartoffelwaffeln versuchen.

Zutaten:

- 500 g Kartoffeln, roh gerieben
- 75 g Mehl
- 3 Eier
- ¼ TL Salz
- etwas geriebene Zwiebel

Zubereitung:

Aus den Zutaten einen Teig bereiten, Backflächen des Waffeleisens gut einfetten und portionsweise backen. Man kann die fertigen Waffeln mit Zucker bestreuen und mit Preiselbeeren servieren oder den Teig etwas mehr salzen, geriebenen Käse oder Schinkenstückchen hinzufügen und dazu Sauerrahm reichen.

Der Reformationstag

Ursprünglich gab es in den evangelischen Kirchen keinen einheitlichen Reformationstag, aber schon im 16. Jahrhundert findet man zu unterschiedlichen Terminen eine jährliche Danksagung für die Reformation. Als Datum für diesen Gedenktag wählte man zum Beispiel den Tag der Einführung der Reformation in dem jeweiligen Gebiet oder den Geburts- oder Todestag Martin Luthers (vermutet 10.11.; 18.2.) oder den Tag der Übergabe der Confessio Augustana (25.6.).
Johann Georg II. von Sachsen führte erstmals 1667 den 31. Oktober als Datum für das Reformationsfest ein. Dieser Termin setzte sich allgemein durch. Der Reformation wird im Gottesdienst meist am vorherigen oder folgenden Sonntag gedacht. Viele evangelische Christen haben angesichts der ökumenischen Bewegung große Schwierigkeiten mit diesem Tag und seiner Bedeutung für heute. Andere halten es für dringend erforderlich, den Reformationstag für eine evangelische Selbstbesinnung zu nutzen. Denn der Glaube, dass von Gott her nicht die eigene Leistung über den Menschen und sein endgültiges Schicksal entscheidet, könnte auch das alltägliche Leben grundsätzlich verändern.

Reformationsbrötchen

Das Reformationsbrötchen ist insbesondere in Sachsen, Sachsen-Anhalt und Thüringen bekannt. Es wird dort im Oktober in fast allen Bäckereien angeboten. Meist wird es als Wiedergabe der Lutherrose mit dem roten Herz in der Mitte gedeutet.

Zutaten:

- 500 g Mehl
- 40 g Hefe
- 30 g Zucker
- 250 ml warme Milch
- 50 g weiche Butter
- 50 g gehackte Mandeln
- 100 g Rosinen
- Schale einer ½ Zitrone
- 1 EL Zitronat
- 200 g Konfitüre, möglichst Erdbeere oder Kirsche
- Puderzucker

Zubereitung:

Mehl in die Schüssel geben, in die Mitte Hefe, Zucker und 8 Esslöffel von der Milch geben, vermischen und mit etwas Mehl bestreuen, warm stellen und gut gehen lassen. Mit Butter, Milch vermengen und Mandeln, Rosinen, Zitronat, Zitronenschale unterkneten, alles zu einem Teig verarbeiten und gehen lassen, bis der Teig doppelt so groß ist.

Ausrollen und Vierecke von 12 mal 12 Zentimeter ausradeln. Die Ecken einschlagen, sodass die Spitzen in der Mitte zusammenstoßen. In die Mitte jeweils 1 Teelöffel Konfitüre geben, nochmals gehen lassen und im vorgeheizten Backofen auf der mittleren Schiene bei 200 bis 220 Grad 20 Minuten backen. Mit Puderzucker bestreuen.

Eine andere Verarbeitungsmöglichkeit: aus dem Teig kleine runde Brötchen formen und mit einem Messer kreuzweise tief einschneiden. Den Teig leicht auseinanderziehen und in die Mitte einen Teelöffel Konfitüre geben. Danach im vorgeheizten Ofen backen.

Lammscheiben mit Kräuterkruste

Und was gibt es am Reformationstag zu essen? Gibt es ein reformiertes oder ein reformatorisches Rezept? Die Kirchen der Reformation haben es ja meist nicht so sehr mit den Genüssen des Lebens. Der Mensch könnte durch sie vom Eigentlichen abgelenkt oder sogar zum Aberglauben verführt werden. So kommen prächtige Kirchen, die Bilder, Zeichen und Symbole sowie weltliche Lustbarkeiten wie Spiel und Tanz, gutes Essen und Trinken in Verruf. Christus allein – solus Christus – soll im Mittelpunkt des Lebens eines Christen stehen. Nur er kann retten und neues Leben geben, nur ihm ist zu vertrauen, und nur ihm gebührt Gehorsam. Und weil das richtig ist, gerade deshalb gibt es am Reformationstag etwas Anständiges zu essen.

Das Lamm ist seit den Zeiten des Neuen Testaments ein Symbol für Jesus Christus, der sein Leben gibt, damit wir leben. Ich schlage für den Reformationstag die volle christliche Konzentration bei einem Lammessen vor. Es ist mein Lieblingslammrezept: das ultimative Lamm.

Apropos reformatorisches Gericht: Immerhin ist eine Errungenschaft der Reformation der Abendmahlswein für alle. Darum sollte bei diesem Essen ein guter Wein, genug für alle, nicht fehlen. Aber auch ein gut gebrautes Bier ist an diesem Tag durchaus im Sinne des „Erfinders".

Zutaten für 2 Personen:

- 1 Lammkeule etwa 450 g (je nach Fleischhunger)

für die Marinade

- 4–5 EL Olivenöl
- gemischte frische Kräuter: Thymian, Rosmarin, Petersilie, etwas Salbei, Oregano, Estragon (so, wie Sie es gerade haben. Oder nehmen Sie gefrorene gemischte Kräuter der Provence)
- Salz, Pfeffer
- etwas Cayennepfeffer
- etwas abgeriebene Zitronenschale
- 1 Knoblauchzehe, durchgepresst
- ½ Zwiebel, sehr fein gehackt
- 4 Scheiben Toastbrot

Zubereitung:

Die Lammkeule von Sehnen und Fett befreien, am besten dazu in Stücke zerlegen, dann die Stücke in knapp 1 Zentimeter dicke Scheiben schneiden. Für die Marinade aus Öl, Kräutern und Gewürzen in einem Gefäß mit dem Pürierstab eine Paste herstellen und zum Schluss die Zwiebeln zufügen. Den Boden einer feuerfesten Form mit 1 Esslöffel der Paste ausstreichen, die Lammscheiben nebeneinander hineinlegen und mit 2 Esslöffel der Paste bestreichen. Das Toastbrot entrinden, etwas zerkrümeln, zu der restlichen Paste geben und mit dem Pürierstab oder Mixer zu Bröseln verarbeiten, dabei eventuell noch etwas Öl hinzufügen. Die Brösel über die Fleischscheiben verteilen und 10 bis 13 Minuten im Backofen übergrillen oder bei 225 Grad auf der zweiten Schiene von oben backen, bis eine goldbraune Kruste entsteht.

Dazu schmecken: Brot, Kartoffelgratin, grüne Bohnen oder Salat. Dieses Gericht wird besonders schmackhaft, wenn es schon am Tag vorher in der Form vorbereitet wird. Vor dem Überbacken müssen nur noch die Brösel auf die Fleischscheiben verteilt werden.

Halloween, Allerheiligen, Allerseelen

Allerheiligen und Allerseelen gehören zum katholischen Kalender. Der Allerheiligentag am 1. November ist Gedächtnistag aller Märtyrer, die für den Glauben an Jesus Christus ihr Leben einsetzten. Schon im 4. Jahrhundert gab es im Blick auf die Christenverfolgungen einen solchen Gedenktag. Der 1. November ist im 9. Jahrhundert durch Ludwig den Frommen als Termin festgesetzt worden. Der Allerheiligentag ist eigentlich kein Tag des Totengedächtnisses, sondern feiert die Heiligen, die bei Christus sind und deren Hilfe angerufen werden kann.
Der Allerseelentag wird am 2. November begangen, er geht auf Abt Odilo von Cluny zurück, der 998 das Gedächtnis aller verstorbenen Gläubigen für alle Cluny unterstellten Klöster anordnete. Zum Inhalt katholischer Lehre gehört die Sorge um die Verstorbenen, die noch nicht im Himmel sind, sondern sich an einem Ort der Reinigung, dem sogenannten Fegefeuer, befinden. Da nach katholischem Verständnis die Kirche in Christus eine Gemeinschaft aller ist, die auf der Erde pilgern, die im Himmel sind und auch derer, die im Fegefeuer noch auf ihre endgültige Reinigung warten, gibt es auch die Möglichkeit gegenseitiger Unterstützung. Der Feier der hl. Messe wird für die Befreiung aus dem Fegefeuer eine herausragende Wirkung zugeschrieben, da den Verstorbenen so die erlösende Wirkung des Todes Christi, der in der Messe gefeiert wird, zugeeignet werden kann. Am Allerheiligen- und am Allerseelentag gibt es auch die Möglichkeit, einen Ablass für einen Verstorbenen zu gewinnen. In der Praxis der Katholiken ist das Gedächtnis der Verstorbenen, das erst am Allerseelentag begangen wird, dennoch Inhalt des Allerheiligentages. Zu diesem Tag gehört der Besuch auf dem Friedhof und das Entzünden von Kerzen auf den Gräbern und auch der Gewinn eines Ablasses. Allerheiligen ist im katholischen Kalender ein Hochfest und wurde – wie alle hohen Feste – mit einer Feier am Vorabend begonnen.
Halloween – All Hallows Even – der 31. Oktober – ist der Vorabend des Allerheiligenfestes, an dem man Vorbereitungen für das Fest traf; zur Zeit der Reformation spielte dabei die Gewinnung von Ablässen eine große Rolle. Der Vorabend von Allerheiligen wurde insbesondere in Irland als besonderes Fest begangen. Dieses wurde von Auswanderern in die USA gebracht und entwickelte sich selbständig weiter. Die besondere

Ausprägung des Festes entstammt der keltischen Folklore. Mit dem Allerheiligentag endete nach alter Zählung auch der Sommer und begann der Winter. Die Verrichtungen an diesem Tag sind eine Mischung aus Brauchtum zum Jahreszeitenwechsel mit Heische- und Verkleidungsbräuchen und damit verbundenen Streichen und aus Vorbereitungen auf das Allerheiligenfest, wo es zur Gewinnung eines Ablasses auch gehört, durch gute Taten, zum Beispiel Geschenke an die Kinder, die Leiden der Verstorbenen im Fegefeuer zu lindern. Der Brauch, Kürbisse aufzustellen, stammt aus den USA. Ursprünglich wurden in Rüben Fratzen geschnitten und diese beleuchtet, um böse Geister abzuschrecken. Nach dem Volksglauben haben die Seelen der Verstorbenen in der Zeit um Allerheiligen, wo Ende und Anfang aufeinander stoßen, freie Tage, sie können das Fegefeuer kurzzeitig verlassen und manche nutzen die Chance, ihr Unwesen bei den Lebenden zu treiben.
In der Küche sind inzwischen Rezepte mit Kürbis populär geworden, man kann zum Kochen und Backen auf eine große Sortenvielfalt zurückgreifen. Und da ich der Ansicht bin, dass sich viele böse Geister durch ein gutes Essen vertreiben lassen, schlage ich zwei einfache Rezepte vor.

Kürbiscremesuppe

Zutaten:

- 1 Hokkaido-Kürbis
- Schalotten
- Öl
- Frischer Ingwer
- Gemüsebrühe
- 1 Becher Schlagsahne

Zubereitung:

Das Kürbisfleisch in kleine Stücke schneiden, Schalotten fein würfeln. Schalotten und Kürbisfleisch im Topf mit etwas Öl andünsten. Ingwer in feinen Würfeln zugeben. Mit der Gemüsebrühe aufkochen lassen, Schlagsahne zugießen und etwa 15 Minuten mit leicht geöffnetem Deckel köcheln lassen. Die Suppe mit dem Schneidstab durchpürieren, mit Salz und Pfeffer abschmecken. Wenn man mag: ein paar Tropfen Kürbiskernöl und geröstete Kürbiskerne auf der Suppe verteilen.

Die Suppe lässt sich auch durch Beigabe von Äpfeln, Orangen, Limetten oder Maronen verfeinern.

Kürbisrisotto mit Walnuss

Zutaten:

- 1 Zwiebel
- 400 g Hokkaido-Kürbis
- 600 ml Gemüsebrühe
- 1 EL Butter
- 5 EL Öl
- 150 g Risottoreis
- 100 ml Weißwein
- 5 Stiele Petersilie
- 2 EL Walnusskerne
- Salz
- Pfeffer
- 50 g Parmesan

Zubereitung:

Zwiebeln würfeln, Kürbis putzen, mit einem Löffel entkernen und das ungeschälte Fruchtfleisch würfeln. Brühe in einem Topf erhitzen, Butter und 1 Esslöffel Öl in einem Topf erhitzen, Zwiebel darin glasig dünsten, Kürbis und Reis dazugeben und etwa 3 Minuten mitdünsten. Mit Weißwein ablöschen und einkochen lassen. So viel Brühe zugeben, dass der Reis bedeckt ist. Offen bei mittlerer Hitze etwa 25 Minuten garen. Dabei immer wieder heiße Brühe zugießen, sobald sie vom Reis eingesogen ist. Walnüsse und Petersilie hacken und mit dem Öl vermischen.

Risotto mit Pfeffer und Salz abschmecken und mit dem Walnuss-Petersilien-Öl servieren.

Allerheiligenstriezel

Zu Allerheiligen findet man als Gebäck in älteren Backbüchern den Allerheiligenstriezel, aus süßem mit Rosinen und Mandeln angereicherten Hefeteig. Er wird aus 9 (!) Teigsträngen hergestellt: 4 werden für die untere Etage geflochten, 3 für die mittlere und obenauf wird ein leicht gedrehter Strang gesetzt.

Die Zahl 9 erinnert an den vollkommenen Lobpreis aller Heiligen, wie er in der Lesung zum Festtag aus der Offenbarung des Johannes dargestellt wird.

Zutaten:

- 75 g klein geschnittene kandierte Früchte
- 75 g Rosinen
- 20 g gehackte Mandeln
- 3 EL Rum
- 500 g Mehl
- 1 Päckchen Hefe
- 1 Ei
- 200 ml lauwarme Milch
- 100 g Butter oder Margarine
- 75 g Zucker
- 1 Päckchen Vanille-Zucker
- 2 EL Rum

Glasur

- Rum, Puderzucker, Mandelblättchen

Zubereitung:

Früchte, Rosinen und Rum vermischen und möglichst über Nacht ziehen lassen. Das Mehl mit der Hefe vermischen, die alle Zutaten mit Knethaken der Reihe nach verkneten. Gehen lassen bis der Teig sich verdoppelt hat. Früchtemischung unter den Teig kneten und nochmals gut 30 Minuten gehen lassen. Einen Zopf je nach Kunstfertigkeit der Bäckerin oder des Bäckers aus drei, besser zu Allerheiligen aus neun Zöpfen (4 Stränge unten, darauf 3 und oben 2 umeinander gedrehte Stränge) herstellen, auf das Backblech legen und nochmals gut 30 Minuten gehen lassen. Auf der zweiten Einschubleiste von unten bei 175 Grad 40 Minuten backen. Für die Glasur Puderzucker und Rum zu einem dickflüssigen Guss rühren, über den warmen Zopf streichen und mit den Mandeln bestreuen.

Himmelsspeck

Ein passendes Rezept für Allerheiligen ist der Himmelsspeck. Das Rezept stammt aus Portugal und kommt aus dem Gebiet des Sherry-Weines. Zum Klären des Weines benötigte man viel Eiweiß, das restliche Eigelb gab man an die Klöster. Dort bereitete man daraus eine Speise für die Armen. Die Speisung der Armen gehörte zu den Aufgaben vieler Klöster, die dazu Spenden verwendeten, durch die die Spender Ablässe für sich oder die Verstorbenen gewinnen konnten. Wie man auch über das Thema denken mag, das Ergebnis dieser Eierspende war auf jeden Fall eine äußerst stärkende und wohlschmeckende Speise für die Armen und Hungernden. Die kleine Torte hat insgesamt ungefähr 5000 Kalorien! Früher wurde statt Butter tatsächlich Speck verwendet.

Heute wird sie gern als Dessert mit Orangensauce gegessen und wie ein Auflauf zubereitet.

Zutaten:

- 30 g Butter
- 400 g Zucker
- 400 g geschälte Mandeln
- 2 EL Zitronensaft
- 8 Eigelb
- 1 TL Zimt
- 1 TL abgeriebene Zitrone
- 1 EL Amaretto
- Alufolie

Zubereitung:

Backofen auf 175 Grad vorheizen. Eine Springform (20 Zentimeter) auf dem Boden und dem Rand mit Butter auspinseln. Etwas Zucker in die Form streuen und die Form so drehen, dass Rand und Boden mit Zucker ausgekleidet sind. Die Mandeln im vorgeheizten Backofen 10 Minuten rösten, abkühlen lassen.

375 Gramm Zucker mit 7 Esslöffeln Wasser und dem Zitronensaft bei milder Hitze auflösen, dann aufkochen lassen. Die Mandeln mahlen und unter die Zuckerlösung rühren, 5 Minuten leise köcheln lassen. In einem anderen Gefäß abkühlen lassen. Eigelb schaumig schlagen, ins warme Wasserbad stellen und nach und nach die Mandelmasse unterschlagen, mit Zimt, Zitronenschale und Amaretto würzen, ungefähr 10 Minuten weiter schlagen, sie soll dicklich schaumig sein. Vorsichtig in die vorbereitete Form geben und mit dem restlichen Zucker bestreuen. Auf der 2. Einschubleiste von unten bei 175 Grad etwa 1 Stunde backen. Nach 45 Minuten den Kuchen mit Alufolie abdecken. Den Kuchen noch 10 Minuten im abgeschalteten Ofen stehen, dann auskühlen lassen.

Eventuell mit einer Orangen-/Weinsauce oder einer Sherrysauce servieren.

Das Martinsfest

In die Endzeit des Kirchenjahres fällt der Gedenktag des Bischofs Martin von Tours, der sich bei evangelischen und katholischen Christen einer ungebrochenen Popularität erfreut. Martin wurde um 316 im heutigen Szombathely in Ungarn geboren, war zunächst Soldat, ließ sich taufen und wurde Schüler des berühmten Kirchenlehrers Ambrosius. Er gründete 361 das erste Kloster Galliens, in dem er selbst mit einigen Gefährten ein hartes Büßerleben führte. Seine Vorliebe galt dem Einsiedlerleben. 371 wurde er gegen seinen ursprünglich geäußerten Willen zum Bischof von Tours gewählt. Er starb vermutlich am 8. November 397. Nach seinem Tod setzte rasch seine Verehrung ein, weil er sich für Arme und Bedrückte eingesetzt hatte und kein Leid hatte sehen können, ohne gleich zu helfen. Er hatte zum Beispiel die Vollstreckung zu schwerer Strafen wegen kleinerer Vergehen verhindert. Viele Wunder wurden auf ihn zurückgeführt. Martin war einer der ersten Heiligen, die verehrt wurden, obwohl sie keine Märtyrer waren. Chlodwig, der Gründer des Frankenreiches, machte ihn zum Schutzpatron der fränkischen Könige. Neben Petrus und Maria gehörte Martin zu den beliebtesten Heiligen. Zu seinem Fest hat sich ein vielfältiges Brauchtum entwickelt. Am bekanntesten sind der Martinszug mit Fackeln, das Festessen mit der Martinsgans und das Beschenken der Kinder mit Süßigkeiten. Viele verbinden mit dem Martinstag die Zahlen: 11.11. um 11.11 Uhr, Beginn des Faschings. Was haben diese Festivitäten mit dem Martinstag zu tun? Ähnlich wie beim Fasching mit dem Aschermittwoch begann am Tag nach Martini früher eine Fastenzeit von vierzig Tagen (ohne Sonn- und Feiertage) als Vorbereitung auf ein hohes christliches Fest, auf Epiphanias, an dem auch getauft wurde. Wie die Täuflinge sich ab Aschermittwoch intensiv auf die Taufe in der Osternacht vorbereiteten, so begann nach Martini eine ähnliche Vorbereitungszeit auf die Taufe am Fest Epiphanias. Und wie man vor Aschermittwoch noch einmal ausgiebig feierte, so tat man es auf Martini auch. Auch die Kinder kamen zu ihrem Recht. In manchen Gegenden hat sich bis heute das Singen der Kinder vor den Türen erhalten, die für ihren Gesang Süßigkeiten erwarten. Dieser Brauch geht auf das alte Heischerecht der Kinder zurück. Sie forderten auf diese Weise von Paten und Nachbarn ihren Anteil an der Festtagsspeise. Gerne verteilt wurden bei dieser Gelegenheit die Martinihörnchen.

Dieses Gebäck ist ein vor allem in Schlesien übliches Symbolgebäck. Die Hörnchenform symbolisiert ein Hufeisen, die Korinthen stellen die Hufnägel dar.

Zur Küche

Die Martinsgans ist in den verschiedensten Regionen bekannt. Es ist der Festbraten, der sich in dieser Zeit anbietet. Und die Zubereitung, insbesondere die Füllung der Gans, scheint angesichts der Fülle der Rezepte keine Grenzen zu kennen. Bevorzugt wird das genommen, was im Spätherbst vorhanden ist: getrocknetes Obst, Nüsse, Maronen, getrocknete Kräuter, eingelagerte Äpfel und Birnen.

Mit Martini begannen auch die weihnachtlichen Festvorbereitungen. So wurde erstes süßes Gebäck hergestellt und für das Fest gelagert.

Breslauer Martinihörnchen

Zutaten:

- 500 g Mehl
- 40 g Hefe
- 200 ml warme Milch
- 1 Ei
- 1 gestrichener TL Salz
- 60 g Zucker
- 60 g weiche Butter
- Schale einer halben Zitrone
- 100 g Korinthen

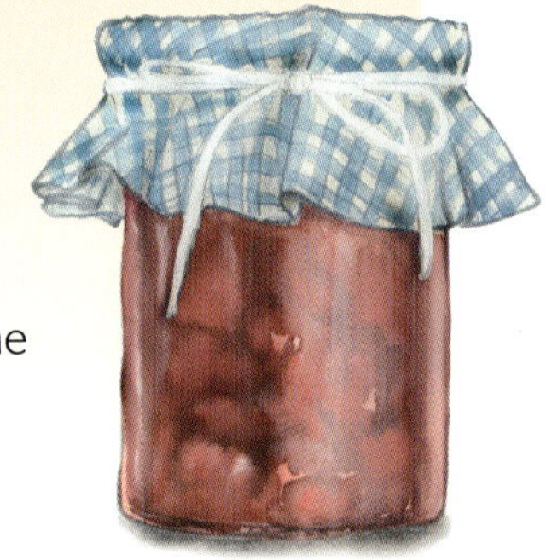

Füllung nach Belieben

- Konfitüre, Marzipan oder Schokolade
- 1 Eiweiß
- 1 Eigelb

Zubereitung:

Mehl in die Schüssel geben, in eine Mulde Hefe bröckeln, mit etwas Milch und Zucker die Hefe vermischen und etwas mit Mehl bedecken. Gehen lassen. Danach alle Zutaten zu einem Teig verarbeiten und so lange kneten, bis sich der Teig von der Schüssel löst. Gehen lassen, bis sich der Teig verdoppelt hat. Die Korinthen vor dem Ausrollen verkneten. Den Teig zu einer 1 Zentimeter dicken Platte ausrollen und 6 mal 12 Zentimeter große Rechtecke ausschneiden. In die Mitte einen Streifen Füllung geben. Den Teig von der Längsseite zusammenklappen, dabei den Teigrand mit verquirltem Eiweiß bestreichen und fest andrücken.

Die Teigstücke zu hufeisenförmigen Hörnchen biegen und mit der Nahtstelle nach unten auf das Blech legen, gehen lassen, Eigelb mit etwas Milch verquirlen und die Hörnchen damit bestreichen.

Bei 210 bis 220 Grad 15 bis 20 Minuten backen.

Gänsebrust für fröhliche Einsiedler

Was hat der heilige Martin mit den Gänsen zu tun? Eine der vielen Martinslegenden erzählt davon, dass er, als er hörte, dass das Volk ihn zum Bischof gewählt habe, Reißaus nahm und sich in einem Gänsestall versteckte. Die Gänse aber, überhaupt nicht begeistert von diesem ungebetenen Gast, schnatterten lauthals los. Der ohrenbetäubende Lärm machte die Leute aufmerksam, sie fanden Martin, zogen ihn aus dem Gänsestall, und er wurde zum Bischof geweiht. Warum aber die armen Gänse, die sich doch so verdienstvoll engagiert haben, gerade am Martinstag verspeist werden, scheint uns heute nicht besonders plausibel. Vielleicht ist es die Rache des heiligen Martin? Immerhin wissen wir von ihm, dass er eigentlich Einsiedler bleiben wollte, und dass er auch als Bischof von Tours sein Mönchsleben fortsetzte.

Mein Rezept ist für kleinere Haushalte gedacht, damit sie auch einmal in den Genuss eines Gansessens kommen. Es geht ganz einfach im Backofen, man muss der Gänsebrust nur ein wenig Zeit lassen.

Zutaten:

- 1 Gänsebrust
- 3/4 l leicht gesalzenes Wasser
- 3 Zwiebeln in groben Stücken
- 1 EL getrockneten Majoran

Zubereitung:

Das Wasser in eine ofenfeste Form gießen, die Gänsebrust mit der Hautseite nach unten hineinlegen, Zwiebeln und Majoran ins Wasser geben. Gut 1 1/4 Stunden bei 225 Grad auf der mittleren Einschubleiste braten, ab und zu mit der Flüssigkeit begießen. Dann wenden und weitere 30 Minuten garen.

Die Gänsebrust herausnehmen, Bratflüssigkeit entfetten, Zwiebeln eventuell pürieren und Sauce je nach Geschmack andicken. Die Gänsebrust von den Knochen lösen, aufschneiden und mit der Sauce servieren.

Wer mag, kann das Rezept mit weiteren Geschmackszutaten variieren: Nach etwa einer halben Stunde Bratzeit kann man zum Beispiel noch einige getrocknete Aprikosen, Backpflaumen, Rosmarinnadeln und einige Stückchen Knollensellerie in die Flüssigkeit geben. Achten Sie aber dann darauf, ob das Wasser ausreicht, sonst gießen Sie warmes Wasser nach. Oder Sie nehmen eine größere Form und setzen zu der Gänsebrust ganze, mit Zimtstücken gespickte Äpfel in die Form und geben vielleicht noch ein paar Rosinen hinzu.

Der Buß- und Bettag

„Buße" klingt in unseren Ohren nicht gut und verdirbt den Appetit. Denn uns fällt sofort das Bußgeld oder eine andere Geldbuße ein und wenn jemand droht: „Das wirst du mir büßen!", dann hat man nichts Gutes zu erwarten. Katholiken mögen auch an die Buße, also das Bußwerk denken, das ihnen im Anschluss an die Beichte auferlegt wird. Diese Assoziationen treffen aber nicht den Kern dessen, worum es am Buß- und Bettag gehen sollte. Buße meint kritische Reflexion des eingeschlagenen Weges und Neuorientierung bezogen auf das Evangelium. Von seinem Ursprung her geht es an diesem Tag nicht zuerst um die persönliche Gewissenserforschung, sondern um die gemeinschaftliche Standortbestimmung einer Gemeinde, Kirche oder eines Volkes.

Der Ursprung dieses Tages liegt in Situationen öffentlicher Gefahr wie Katastrophen, Kriegsgefahr oder Epidemien. Dahinter steht der Gedanke, dass das drohende oder eingetretene Unglück auf das böse Tun von Menschen oder Gemeinschaften zurückzuführen ist und darum zur Abwendung der Gefahr oder Milderung der Folgen Gott um Vergebung gebeten wird. So fand der erste evangelische Buß- und Bettag 1532 in Straßburg als Reaktion auf die Türkenkriege statt. Nachdem im 16. und 17. Jahrhundert in den einzelnen Landeskirchen zu unterschiedlichen Terminen viele Buß- und Bettage entstanden waren, einigte man sich in der Eisenacher Konferenz 1852 auf einen einheitlichen Tag, und zwar auf den Mittwoch vor dem letzten Sonntag nach Trinitatis. 1939 wurde der Tag auf einen Sonntag verlegt und damit faktisch abgeschafft, zur Aufbietung aller Kräfte für den Krieg. Der öffentliche Charakter des Bußtages scheint gerade nach dessen Abschaffung als staatlicher Feiertag 1995 (zur Finanzierung der Pflegeversicherung) wieder deutlicher ins Bewusstsein zu treten. Viele Gemeinden nutzen den Buß- und Bettag dazu, auf soziale oder gesellschaftliche Missstände hinzuweisen.

Da dieser Tag noch keine lange Tradition hat, ist aus der Küche auch wenig zu berichten. Außer, dass in der Vergangenheit zu Bußwerken auch das Fasten gehörte, womit man die Ernsthaftigkeit des Umkehrwillens und die Angewiesenheit auf Gottes Hilfe verdeutlichen wollte.

Dem Sinn des Tages könnte es entsprechen, wenn an diesem Tag auch über das Thema Essen, Lebensmittel,

Umgang mit Ressourcen, Tierhaltung und Fleischkonsum nachgedacht würde. Oder man nutzt den Tag für ökumenische Kontakte oder für eine interreligiöse Mahlzeit. Das gemeinsame Essen ist eine gute Gelegenheit, über Schwierigkeiten und Verbindendes zu sprechen.

In diesem Zusammenhang stieß ich auf die erste „Nacht der Wurst" in Hamburg, die mit der Nacht der Kirchen zu gemeinsamem Essen und Beten verbunden wurde. Es gab das typisch norddeutsche Gericht „Himmel und Erde" aus Stampfkartoffeln, Apfelmus und pochierter Leberwurst. Diese „Nacht-der-Kirchen-Wurst" enthielt aber kein Schweinefleisch, sondern war eine herzhafte Wurst aus Rind, Lamm und Gänsefleisch. In Italien stieß ich auf eine „Salame Ecumenico", die seit kurzem unter dem Schutz des DOP-Gütesiegels steht. Diese Rohwurst stammt aus der Lomellina, ist aus Gänsefleisch hergestellt und heißt auch „Salame della Pace", weil sie problemlos von Christen, Juden und Muslimen gegessen werden kann. Das uralte Originalrezept stammt aus der Zeit der Sforza, von einer in Montara ansässigen jüdischen Gemeinde.

Himmel und Erde

Seinen Namen hat das Gericht daher, dass sowohl Äpfel, die auf Bäumen, also am Himmel wachsen, als auch die damals noch unvertrauten, in der Erde wachsenden Erdäpfel (Kartoffeln) zu seinen Zutaten gehören.

Zutaten:

- ¼ l kaltes Wasser
- 750 g mittelgroße geschälte und gewürfelte Kartoffeln
- 750 g geschälte, entkernte und geviertelte säuerliche Äpfel
- 125 g magerer gewürfelter Speck, alternativ Gänseschmalz
- 1 mittelgroße geschälte und in Scheiben geschnittene Zwiebel
- ½ TL Apfelessig oder Weißweinessig
- Butter
- Zucker
- ¼ TL frisch gemahlener, schwarzer Pfeffer
- Salz

Zubereitung:

Das Wasser mit etwas Zucker, einem halben Teelöffel Salz, dem schwarzen Pfeffer sowie den Kartoffeln und Äpfeln in einen Topf geben. Auf mittlerer Hitze kochen lassen (Deckel auflegen!), bis die Kartoffeln und die Äpfel gar sind (knapp 20 Minuten). Kartoffeln und Äpfel dürfen nicht auseinander fallen. Den Speck in einer Pfanne braun und knusprig braten. Den Speck dann herausnehmen und warm stellen. Die Zwiebelringe in dem Speckfett bei mittlerer Hitze unter Rühren schmoren, bis sie weich und hellbraun sind. Vor dem Servieren noch einen halben Teelöffel Salz und den Apfelessig unter die Kartoffeln und die Äpfel rühren und noch etwas Butter hinzugeben. Mit Salz und Pfeffer und Muskat abschmecken. Den Inhalt der Pfanne mit den Zwiebeln und dem Speck darüber geben.

Beilagen:

etwa 500 Gramm Blutwurst oder Panhas (lässt sich besser braten). Die Blutwurst oder Panhas wird gepellt, in Scheiben geschnitten und zusammen mit den Zwiebelringen in der Pfanne angebraten.

Varianten:

Die Äpfel und Kartoffeln länger kochen, bis sie zerfallen, bzw. die Kartoffeln zerstampfen. Kartoffeln und Äpfel sollten dabei getrennt voneinander gekocht werden.

Als vegetarische Variante kann man die Blutwurst weglassen und die Menge der Röstzwiebeln entsprechend erhöhen.

Wer keine Blutwurst mag, kann diese zum Beispiel durch eine Bratwurst, Lammbratwurst oder auch in Streifen geschnittene und geröstete Hähnchen- oder Putenschnitzel ersetzen.

Das Ende des Kirchenjahres

Die beiden letzten Sonntage des Kirchenjahres werden besonders hervorgehoben. Wegen der Schwankung des Ostertermins ergibt sich auch eine unterschiedliche Zahl der Sonntage nach Trinitatis. Die Zählung endet mit dem drittletzten Sonntag nach Trinitatis. Der vorletzte und der letzte Sonntag haben immer die gleichen Lesungstexte. Am vorletzten Sonntag ist es der Text vom Jüngsten Gericht, Matthäus 25,31–46, und am letzten Sonntag sind es die Texte vom himmlischen Jerusalem, Offenbarung 21, und von den klugen und törichten Jungfrauen, Matthäus 25,1–13. Diese Texte erinnern an die Tradition der sechswöchigen Vorbereitungszeit auf Weihnachten mit dem besonderen Aspekt der Vorbereitung auf das Kommen Christi zum Gericht. Älter als die Bezeichnung Totensonntag ist die Bezeichnung „Fest des Jüngsten Tages".

Im 18. Jahrhundert kam die Forderung nach einem allgemeinen Totengedenken auf, und 1816 ordnete König Friedrich Wilhelm III. von Preußen einen „Feiertag zum Gedächtnis der Entschlafenen" an, der bald auf den letzten Sonntag des Kirchenjahres gelegt wurde und sich rasch einbürgerte. Das Thema des letzten Sonntags ist aber die universale Hoffnung der Christen auf Gott und sein Reich.

In diese Hoffnung auf Gottes Zukunft für die ganze Schöpfung sind die Verstorbenen eingeschlossen.

In der katholischen Kirche wird am letzten Sonntag im Jahreskreis das Christkönigsfest begangen, an dem Christus als Haupt und König der neuen Schöpfung gepriesen wird. Auf seine Ankunft und die Vollendung seines Friedensreiches schaut die Gemeinde voll Hoffnung.

Honigwaffeln mit Sahne

Das Ende des Kirchenjahres empfinden viele als düster und bedrohlich. Der vorletzte Sonntag hat zum Thema das Jüngste Gericht, und der letzte Sonntag hat sich bei uns als Totensonntag eingebürgert. Nun versuchen viele Gemeinden schon seit einiger Zeit deutlich zu machen, dass die bessere Bezeichnung „Ewigkeitssonntag" sei, weil das Thema die Vollendung des Reiches Gottes, der Anbruch der Ewigkeit Gottes ist. Ich habe den Eindruck, der Erfolg dieses Bemühens ist gering. Deshalb schlage ich vor, die Küche sollte sich dieses Problems annehmen und Bewusstseinsbildung für Christenmenschen über Augen und Mund betreiben. Die Bibel kennt schöne, kulinarische Bilder für die Vollendung des Reiches Gottes, für die Ewigkeit Gottes wie das himmlische Hochzeitsmahl, das Mahl aller Völker im Angesicht Gottes. Sie spricht vom Paradies, vom himmlischen Jerusalem und von dem Land, wo Milch und Honig fließen. Wenn das keine Aussichten sind!

Wenn die Welt manchmal so grau und trostlos ist, könnte man es ja einmal mit Milch und Honig probieren. Der einfachste Vorschlag ist natürlich die Honigmilch: Ein Glas warme Milch, ein Löffel Honig, umgerührt, fertig ist das beliebte Hausmittel gegen Schnupfen jeder Art. Wer noch mehr Trost und Wärme braucht, dem schlage ich Honigwaffeln mit Sahne vor.

Zutaten:

- 250 g Butter oder Margarine
- 50 g Zucker
- 3 EL flüssiger Honig
- 1 Päckchen Vanillinzucker
- 4 Eier
- 1 Prise Salz
- $^3/_8$ l Milch
- 500 g Mehl
- 1 gestrichener TL Backpulver
- Puderzucker

Zubereitung:

Fett sahnig rühren, nach und nach Zucker, Honig, Vanillinzucker und Eier dazugeben. Milch abwechselnd mit der Mischung aus Mehl und Backpulver einarbeiten, Salz einrühren. Den Teig in ein gefettetes Waffeleisen geben, backen, mit Puderzucker bestäuben und mit geschlagener Sahne servieren.

Torte aus dem Land, wo Milch und Honig fließen

Und wem das angesichts des himmlischen Hochzeitsmahls alles noch nicht feierlich genug ist, dem kann ich nur noch und zu guter Letzt die Torte aus dem Land, wo Milch und Honig fließen, empfehlen.

Zutaten:

für den Boden

- 200 g Löffelbiskuits
- 1 EL Zucker
- 40 g geschmolzene Butter
  oder: 1 Tortenboden
  oder: ½ Wienerboden

für den Belag

- 45 g Honig (Tannenhonig)
- 2 Schnapsgläschen Apfelkorn
  oder auch Calvados
- 5 Blatt Gelatine
- ¾ l Sahne
- 2 Äpfel, möglichst mit der Schale geraspelt
- 1 Eigelb
- 1 Prise Salz
- 150 g geröstete, gehackte Haselnüsse
- 200 g geriebenes Schwarzbrot

Zubereitung:

Apfelkorn und Honig auf etwa 40 Grad erwärmen und miteinander verrühren. Die Gelatine in Wasser einweichen, ausdrücken und dazugeben. Das Eigelb mit dem Zucker verschlagen und mit den geraspelten Äpfeln zur Honigmasse geben. Die geschlagene Sahne vorsichtig unterziehen. Die Masse auf den Boden geben, eventuell dazu einen Tortenring benutzen. Mit Sahnetupfen und (falls man hat) Brombeeren garnieren. Zum Schluss den Rand mit Haselnüssen und Schwarzbrot umhüllen. Sie haben es bestimmt schon gemerkt: Äpfel und Nüsse, Schwarzbrot zur Sahnetorte ...

Die Sonntage des Kirchenjahres

Evangelische Bezeichnung

Die Weihnachtsfestzeit

- 1. Adventssonntag
- 2. Adventssonntag
- 3. Adventssonntag
- 4. Adventssonntag
- Christfest
- 1. Sonntag nach dem Christfest
- Altjahrsabend
- Neujahrstag
- 2. Sonntag nach dem Christfest
- Epiphanias
- 1. Sonntag nach Epiphanias
- 2.–5. Sonntag nach Epiphanias
- Letzter Sonntag nach Epiphanias

Vorbereitung auf Ostern & die Osterfestzeit

- Septuagesimä (3. Sonntag vor der Passionszeit)
- Sexagesimä (2. Sonntag vor der Passionszeit)
- Estomihi (Sonntag vor der Passionszeit) „Sei mir ein starker Fels“
- Invokavit (1. Sonntag der Passionszeit) „Er ruft mich an“
- Reminiszere (2. Sonntag der Passionszeit) „Gedenke, Herr“
- Okuli (3. Sonntag der Passionszeit) „Meine Augen schauen stets...“
- Lätare (4. Sonntag der Passionszeit) „Freue dich“
- Judika (5. Sonntag der Passionszeit) „Richte mich, Gott“
- Palmarum (6. Sonntag der Passionszeit) Palmsonntag
- Gründonnerstag
- Karfreitag
- Karsamstag
- Ostern
- Quasimodogeniti (1. Sonntag nach Ostern) „Wie die Neugeborenen“
- Miserikordias Domini (2. Sonntag nach Ostern) „Die Barmherzigkeit des Herrn ...“
- Jubilate (3. Sonntag nach Ostern) „Jauchzet“
- Kantate (4. Sonntag nach Ostern) „Singet“
- Rogate (5. Sonntag nach Ostern) „Betet“
- Christi Himmelfahrt
- Exaudi (6. Sonntag nach Ostern) „Höre, Herr“
- Pfingsten

Die Trinitatiszeit

- Trinitatis-Tag der Heiligen Dreifaltigkeit
- 1.–24. Sonntag nach Trinitatis
- Drittletzter Sonntag des Kirchenjahres
- Vorletzter Sonntag des Kirchenjahres
- Buß- und Bettag
- Letzter Sonntag des Kirchenjahres (Ewigkeitssonntag oder Totensonntag)

Besondere Gedenktage

- 24. Juni Johannis
- 29. September Michaelis
- Erntedank (Sonntag nach Michaelis)
- 31. Oktober Reformationsfest
- 11. November Martin
- 6. Dezember Nikolaus

Katholische Bezeichnung

- 1. Adventssonntag
- 2. Adventssonntag
- 3. Adventssonntag
- 4. Adventssonntag
- Weihnachten, Geburt des Herrn
- 1. Sonntag nach Weihnachten, Fest der Heiligen Familie
- Oktavtag von Weihnachten – Maria, Gottesmutter (1.1.)
- 2. Sonntag nach Weihnachten
- Erscheinung des Herrn (Dreikönige) – Taufe des Herrn
- Sonntage im Jahreskreis (1. bis 7. Sonntag)

Vorbereitung auf Ostern & die Osterzeit

- 1. Fastensonntag
- 2. Fastensonntag
- 3. Fastensonntag
- 4. Fastensonntag
- 5. Fastensonntag
- Palmsonntag
- Gründonnerstag
- Karfreitag
- Karsamstag
- Ostern, Fest der Auferstehung des Herrn
- 2. Sonntag der Osterzeit
- 3. Sonntag der Osterzeit
- 4. Sonntag der Osterzeit
- 5. Sonntag der Osterzeit
- 6. Sonntag der Osterzeit
- Christi Himmelfahrt
- 7 . Sonntag der Osterzeit
- Pfingsten
- Dreifaltigkeitssonntag
- Fronleichnam
- 8.–33. Sonntag im Jahreskreis
- Christkönigssonntag

Die Rezepte auf einen Blick

Alphabetische Reihenfolge

Meine Rezepte & Notizen

Ein köstlicher Gruß als Geschenkidee

Warum Genuss nicht mit anderen Menschen teilen? Und sich so manches auf der Zunge zergehen lassen? Honigwaffeln mit Sahne, Griechische Liebesschleifen oder ein paradiesischer Apfelkuchen.

24 liebevoll illustrierte Postkarten mit besonderen Rezepten durchs Kirchenjahr. Ein köstlicher Gruß – für Menschen, die gerne kochen und genießen.

Ein köstlicher Gruß

24 Rezeptkarten zum Verschicken

Mit Illustrationen von Violetta Neubauer
24 Postkarten im Schuber
7,80 Euro / 7,20 Euro (A)
ISBN 978-3-88981-333-6